MINERVA
知の白熱講義
2

劇空間を生きる

未来を予見するのは
科学ではなく芸術だ

野田秀樹×鎌田浩毅

ミネルヴァ書房

刊行のことば

人生は不可逆的だが決して単線ではない。その道は無数の選択と開拓の集大成であり、選ばなかった道、様々な経験の持つ意味が、時を経て変わることもある。だから人生は趣深い。そして自らの足跡を振り返る意義も、そこにある。

「ＭＩＮＥＲＶＡ知の白熱講義」では、〝知の伝道師〟鎌田浩毅氏が、その鋭い視点と旺盛な知的好奇心の赴くまま、斯界の第一人者を講義者に招き、熱く語り合う。第Ⅰ部では半生とその思想に切り込み、第Ⅱ部では、専門的知見を平易な言葉で論じ合う。

今ではその名を轟かせる泰斗たちは、何に出会い、何を感じ、何を考えながら生きてきたのか。偶然と必然が織りなす半生で、その専門知はいかに導かれてきたのか。人の生き様とつながるからこそ、その知はおもしろい。

現代では電子ツールの発達に伴い、対面でのやりとりや言葉を交わさずともすむ〝コミュニケーション〟は増加の一途を辿っている。しかし、古来より先人の知恵を受け継ぐ〝口伝〟の力が消えることはない。多彩なゲストが自らの専門領域を講じる中、火山学者である鎌田氏がそれにどう相対するのか。ここに真の知的交流が成る。

本シリーズが届けるのは、人の生のおもしろさ、そして人が出会い、面と向かって語り合うことで起こる知のケミストリー（化学反応）の成果である。空間を同じくし、直に知の火花を散らすことで生まれるひらめき、時に互いの感覚を共有し、一気に話が飛翔する知的興奮の生まれるその空気まで感じ取っていただければ、これにまさる喜びはない。

平成三〇年（二〇一八）一月

ミネルヴァ書房

野田秀樹

上段右：『アイと死をみつめて』（1972年）／上段中央：『白夜の女騎士』（1985年）／上段左：『宇宙蒸発』（1985年）／中段右：『赤鬼』（1996年，撮影＝青木司）／中段左：『彗星の使者』（1985年）／下段右：『キル』（1994年，撮影＝伊東和則）／下段左：『小指の思い出』（1983年）

上段右：『パンドラの鐘』（1999年，撮影＝青木司）／上段左：『オイル』（2003年，撮影＝青木司）／中段右：『Right Eye』（1998年，撮影＝青木司）／中段左：『半神』（1999年，撮影＝青木司）／下段：『野田版 研辰の討たれ』（2001年，© 松竹株式会社）

上段：『THE BEE』（2007年，撮影＝谷古宇正彦）／中段右：モーツァルト／歌劇『フィガロの結婚』～庭師は見た！～（2015年，撮影＝ Hikaru.☆，提供：東京芸術劇場）／中段左：『MIWA』（2013年，撮影＝篠山紀信）／下段右：『表に出ろいっ！』（2010年，撮影＝篠山紀信）／下段左：『ザ・キャラクター』（2010年，撮影＝引地信彦）

はしがき

優れた戯曲を読むと、現実には起こりそうもない世界を疑似体験できる。さらに、それを実際の舞台で観劇すれば、よりリアルに伝わってくる。古今東西、芝居は「ある場所でその時だけ」に現れる「生身」の現象であり、そのため演出家はあらゆる能力を振り絞る。

戯曲家、演出家、役者という三つの能力をすべて備えた人物が、本巻で迎える野田秀樹である。いま演劇の世界で八面六臂《ろっぴ》の活躍をみせる彼と高校時代に同級生であった幸運を私は思わずにはいられない。

彼の仕事を一言でまとめると総合芸術家と呼べるだろう。現在、東京芸術劇場の芸術監督をしているので、誰もが認める舞台芸術の第一人者と言ってもよい。その彼から、科学者の私はとんでもないことを教わった。

それは、「未来を予測するのは科学ではなく芸術だ」という事実である。ここで「事実である」と書いたが、「メッセージである」もしくは「思想である」と記すべきではないか、と読者は思われるかもしれない。ところが、現実に未来を予測したのは芸術であって科学ではなかったのだ。よって、私はここに「事実である」と書いた。

私は地球科学を専門とする科学者である。かれこれ四〇年以上も火山や地震、地球の歴史に携わってきたが、その中で一つの信念があった。それは、「科学は何のために存在するのか?」という基本的な問いに対する答えを求めることだ。

そして一つの回答として、私は「科学には予測と制御という能力がある」と述べてきた。二〇年以上も京大の教壇で語ってきたし、一般市民を対象とした講演会でも力説してきた。

ところが、二〇一一年三月一一日に起きた東日本大震災は、そうした私の信念を打ち砕いてしまった。マグニチュード9という千年ぶりの巨大地震を、地球科学は予測することができなかった。「予測」ができなかったわけだから、当然「制御」も不可能だった。よって、何万人もの尊い命と莫大な財産が失われた。私を含めて多くの地球科学者が、「予測と制御」が不可能な「地球の営為」を思い知らされた瞬間だった。

こうした科学者の自信喪失とは全く関係なく、野田さんは着々と作品を発表してきた。毎年公演を行い、あらゆる人から拍手喝采を浴びていた。しかも、その舞台は、日本から世界へと広がっていった。そして彼は芝居の中で、科学者にできない未来予測をしていたのである。すなわち、単にメッセージや思想を書き記したのではなく、脚本とよく似た事実が起きてしまったのだ。これには科学者の私もひどく驚いた。しかし、起きた現実は認めざるを得なかった。

ある日、私の元に野田さんから一本のメールが届いた。これから火山噴火に関する戯曲を書こうと思うが、鎌田の専門なのでレクチャーしてほしいという。私は直ちにスケジュール調整をして、東京へ向かった。何十年ぶりに会って彼の戯曲の執筆を手伝った。その結果として誕生したのが、『南へ』（二〇一一年二～三月公演）である。

その中には、その後の東日本大震災と引き続く火山噴火と、さらには北朝鮮問題まで含まれていた。いずれも未来に起きたことを半年以上も前に、野田さんは戯曲に書き込んでいたのである。

社会学者のマーシャル・マクルーハンは「芸術には未来の社会を予測する力がある」と喝破したが、まさに野田秀樹はその能力をもつ類《たぐ》い稀なる芸術家だったのである（巻末の講義レポートを参照）。

「野田さんの芝居を見ると次の時代が読める」と今の私は思っている。思うどころか確信を持ち、そのように学生たちへ説いている。だから「池袋に行って野田演劇を見るように」といつも言う。私がどんなに忙しくても彼の公演を見に行くのは、野田さんが密かに予測している未来が知りたいからだ。話題作になるから毎回行くのではない。台詞の中に、役者の動きの中に、演出の中に、次の時代がいくつも隠されているからである。それは彼自身もあまり意識していないのかもしれない。

しかも彼は、遠い遠い先の未来を描いているようでいて、実は数年先、時には数カ月先の未来であったりする。今ここで公演中の芝居が、明日の現実を照射しているのだ。よって、野田演劇のキーワードを一言で言い表わせば、私は「未来」であると答える。そして「予測と制御」を標榜してきた科学者が脱帽せざるを得ないのがこの点なのだ。未来を見るのは科学者ではなく芸術家だった、という驚きと悔しさの詳細は、本文に譲ろう。

さて、彼との対談で一番興味深かったのは、高校時代から四〇年間かけて変化した「姿」である。彼は東大法学部に入学しつつも、しだいに学業から離れて演劇生活を貫いた。その根底には、社会のしがらみから逃げたはずなのに、結果として社会に深く関わるという野田秀樹の姿があった。本人が意図するしないにかかわらず、現代社会の本質を鋭くえぐる芸術家はその生き方から生まれたのだ。

こうしたプロセスには、私にも彼と共通する点が少しある。最初に、研究者として白衣を着て実験室に一人で籠《こ》もる長い時間があった。そして地質学のフィールドワークに明け暮れて、何カ月も都会から遠ざかる生活を続けていたのに、いつのまにか人の輪の中心にいた。京都という都会のど真ん中で、学生たちに囲まれるようになったのである。

その後、基礎科学の「オタク研究者」から巷《ちまた》の「科学の伝道師」として、街の中へ辻説法に繰り出す日々が始まった。すなわち、最初は野田さんも私も現実社会のしがらみを避けたはずだった。ところが、心ならずもいつしか深く関係するようになってしまったのだ。それは時代が我々に要請したからとも言えるだろう。

こうした中で、私と野田さんの間でもう一つ新しい接点が生まれた。彼の芝居の特徴は、役者が劇場を所狭しと走り回るエネルギッシュな姿にある。その「身体」は還暦を過ぎた現在でも留まるところを知らない。何ともバイタリティーに溢れた身体表現だが、それは日本だけでなく海外でも高く評価されたパーフォーマンスなのである。

そして戯曲家かつ演出家としての野田さんが次に登場する。戯曲の推敲を重ねるうちに自家薬籠《じかやくろう》中《ちゅう》のものとしたコンテンツを、彼は舞台上の一役者として、今度は集団に溶け込みながら表現するのである。この身体性に対して、ある時点から私は非常に関心を持つようになった。それは私自身の感受性が変わったことに依る。「身体を観察する」ことに興味を持つようになったのだ。

最初は、自分と同じ年齢なのになぜあれほど身体が動くのだろうか、という疑問から始まった。そして、身体の動きと台詞の内容、さらに言い回しのすべてが統一的に制御されていることに、あるときから気づくようになった。

プロの演劇人としては当たり前の行為かもしれないが、科学者の私には彼の身体の動き一つひとつが、とても新鮮に映ったのである。野田さんの芝居は、何か深い身体性と言ってよいものに裏づけられている。それが何かについては皆目わからなかったが、言い知れない「身体の躍動」のようなものが私を惹《ひ》きつけ離さなかった。

私はかつてビジネス書で「体は頭より賢い」と説いたことがある（『成功術 時間の戦略』文春新書、二〇〇五年）。すなわち、身体の動きには、頭で意図することを超える情報が埋め込まれている。だから身体が示すことには頭が言うこと以上に従わなければならない、という考え方だった。

それを肌で感じる空間が、ライブの劇場に他ならないのである。その後の私はこの感覚を確かめるため、毎回野田さんの動きを見つめていた。毎年の公演が身体を観察する楽しみになったのは言うまでもない。

最後に、同級生としての野田さんを紹介しておこう。彼は教駒《きょうこま》（東京教育大学附属駒場高等学校、現・筑波大学附属駒場高等学校、現在の略称は筑駒《つくこま》）の卒業文集に、「おれは男だ」というタイトルで書いている（本書二〇五頁に掲載）。まさに無名時代の野田さんだが、ご覧のとおり既に輝いていた。まさに栴檀《せんだん》は双葉より芳《かんば》し。

高校時代にどのような青春を送ったかは、本文でも存分に語ってもらった。しかし、このレアな書き物は当時の野田秀樹の「作品」なのだ。ちなみに、私が好きな本に『無名時代の私』（文藝春秋編、文春文庫、一九九五年）というアンソロジーがあるが、無名時代をどのように過ごすかほど大事なものはないことは、周知のとおりだ。

こうした野田さんとは対照的に、私は同じ卒業文集に「当世極々私的詩的恣的戯言《とうせいごくごくしてきしてきしてきざれごと》」というエッセイを載せた（本書二〇七頁に掲載）。ここには当時大流行していた芥川賞作家の庄司薫（一九三七～）の影響がある。サリンジャーから庄司薫につながる文体が、当時の世相を如実に反映していた。ちなみに、芥川賞受賞作の『赤頭巾ちゃん気をつけて』（中央公論新社、一九六九年、のちに新潮文庫、二〇一二年）を、私は全文を暗記するほど読み込んだ。恥ずかしながら当時の私の夢は詩人になることだった。

そして、詩人願望の私と野田さんは、庄司薫の小説に出てくる「薫君」さながらに大学受験へ吸い込まれていった。この受験という一つの「青春」が終わった後の東大で「夢の遊眠社」が誕生し、野田さんは若者のみならずプロの演劇人たちにも受け入れられていったのだ。もう一つの青春の開花である。

それから四〇余年。同じ歳で同じ時代を生きてきた野田さんと私は、現在異なる仕事を持ちそれぞれの仕方で社会と向き合っている。もちろん芸術家と科学者とで職種は異なれども、そのエネルギーは全く枯れていない。それはなぜかと問われれば、二人のルーツは高校時代にあるからだと答えたい。

当時の教駒で我々がどれほど伸びやかで多感な日々を過ごしてきたかは、いわゆる進学校のイメージとかけ離れているかもしれない。一学年に一六〇人いた同級生の中で、現在一番親しく喋れて話が通じる感じがするのは、私にとって野田さんなのである。還暦を超えて数年が経ち、同級生の多くが定年を迎えて仕事の第一線から身を引いた。悠々自適のオヤジたちである。しかし、野田さんと私は、いまだに新しい「大地」を求めて悪戦苦闘している。同級生の悠々自適からはほど遠い毎日である。そして新しい開拓地では、誰しもが無名の新人だ。一方で、新人にしかできない仕事も山のように残っている。よって未来へ向けて、彼も私も東奔西走を続けているのである。

今回の対談では思わぬ発見が相次いだ。実は中学高校時代が人格形成の上で意外にも重要だった。そして過ぎ去りし日の思い出が、現在の我々へ連続していることを、二人で共有した。対談はいつも予想外の展開をたどるものだが、そのこと自体が劇場と同じライブ空間の創出なのである。これまでの彼の輝かしい実績と生い立ちも含めて、野田演劇の「想定外」の面白さと本質を、本書では存分に披露したい。

では、演劇界のトップランナー野田秀樹との「激談」を開始しよう。

鎌田浩毅

野田秀樹×鎌田浩毅　劇空間を生きる——未来を予見するのは科学ではなく芸術だ

目次

写真提供　NODA・MAP
（クレジット記載のものは除く）

第Ⅰ部　演劇界の旗手の軌跡

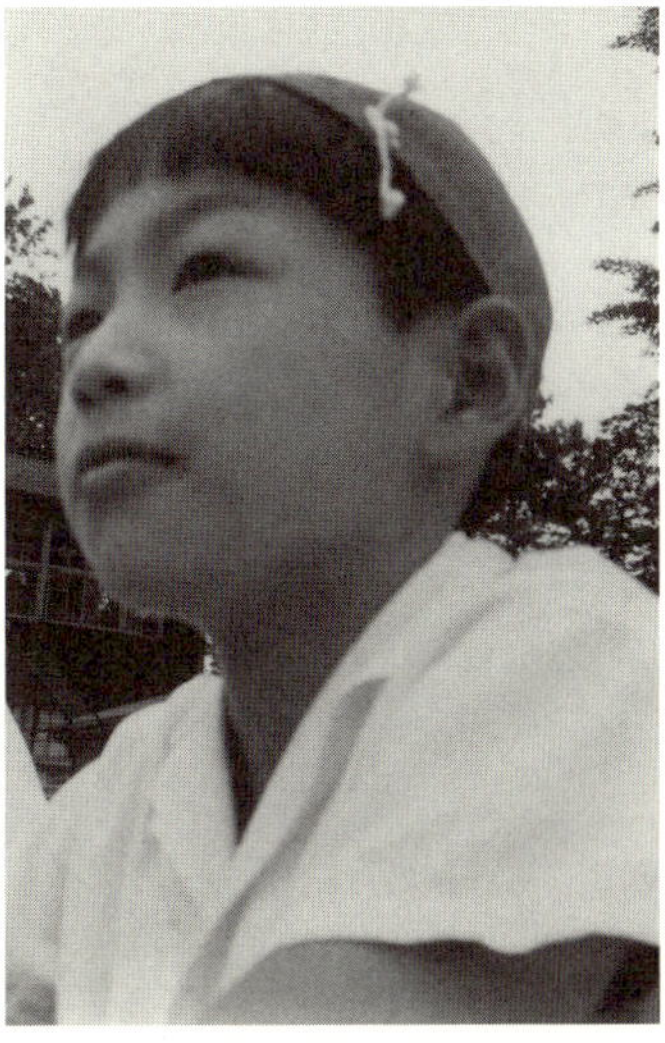

1966年

第1講　子ども時代〜夢の遊眠社——生まれと育ちと

長崎県崎戸に生まれて

鎌田　まずは第Ⅰ部「演劇界の旗手の軌跡」と題して、第1講「子ども時代〜夢の遊眠社」、第2講「NODA・MAP設立以降」となります。まぁリラックスして、最初に子ども時代、中学、高校、大学、夢の遊眠社ぐらいまでダーッと語っていただきましょうか。

野田　実はそのあたりは結構、内田洋一さんが本にまとめてくれている（『野田秀樹』白水社、二〇〇九年）。自分で語ったわけじゃないんだけど、かなり細部まで調べ上げていて、俺もちょっとびっくりするようなことが入ってたりね。俺が生まれた長崎の崎戸（長崎県西海《さいかい》市崎戸《さきと》町蠣浦郷《かきのうらごう》）というのは、今でいう三菱マテリアルが入ったところなんだよね。父はそこにホワイトカラーとして勤めていた人間なんだけど、一九六〇年、俺が四歳のとき東京へ出て来た。若くて血気盛んの父親が上司と揉めて、東京へ行かされたの。栄転ではなくて、上司と揉めたから。ハイカラな母親は東京に出たかったからとても喜んだらしいけど。父親の酒癖が悪くて、たぶん酒を飲んだときに何か上司にやっちゃったんだね。

鎌田　長崎の思い出というか、小さい頃の記憶は、戯曲の執筆や演技にもけっこう影響が残っているんですか？　例えば、『ＭＩＷＡ』の公演（二〇一三年一〇月〜一一月）では原爆を扱っているけど……。

野田　俺ね、東京に出て来てからずっと、自分の生まれた所へ行ってなかったの。三菱が引き揚げちゃってから、そこに人がちゃんと住まなくなったからね。で、三〇歳のときに初めて行ったら、ちょっと廃墟みたいなものがバーッとあってね。でも自分が住んでいた場所を父親から聞いていたので、そこへ行ったら、想像を超えた絶景。バーッと海の見える場所で、こんな所に四歳までいたんだ、と思った。四〇歳のとき俺は『赤鬼』という芝居を書くんだけど、書いた後に、ああ、なんで俺は、岬の外れでそこから飛び降りようとする女の話を書いたのか、その画は何だろうな、と思ったら、ああそうだ、あのとき自分が見たものかもしれないと。ああ、多分そうだったという、ずいぶん後なんだけどね、そう思ったりしたね。

ひざの上でご機嫌

反九州男児

野田　圧倒的な九州の影響と言えるのは、長崎で生まれたというのはやはり刷り込まれていて、特にあの時代に東京の学校、都会の学校にいきなり入っていくと、感じるものはあった。まわりってみんな東京生まれなの。田舎から来ているやつなんてほとんどいなくて、で、あの当時、なんでそんなことをしたのかわからないけど、先生とかがよく「東京生まれじゃない人」とか言って、手を挙げさせる。それでパラパラッと手が挙がって三人ぐらいしかいないというね。つまり「ここの人間じゃないんだ」という感覚が植えつけられたよね。

しかも長崎に原爆が落ちてから一〇年後に生まれているから、やはり「長崎」という言葉を出すと、どうしても、「原爆が落ちた所」と刷り込まれていく。そういうことがずっと、小学校のときからあったと思うのね。だから俺、ある時期から「九州男児」って言葉を忌み嫌った。

鎌田　ふーん。

野田　で、「九州男児って、何か女々しいやつが多いんだよ」って思ってた。要するに「男は……」とか言うやつに限ってさ、卑劣なのが多い。日大アメフト部なんて、そんな世界だったんじゃない？ああいうの、どうも俺はダメなんだよね。でも、うちの兄とかは九州男児を誇りに思っているタイプなんだよね。あ、卑劣じゃない、いい兄貴ですけど。

独特な小学校教育

鎌田　今から思うと、どういう子どもだったんでしょうか？

野田　どうかな。小学校時代を語る上では、四～六年生の三年間に、ちょっと普通じゃない教育を受けた。公立の小学校だったのに。今の新国立劇場の目の前の幡代小学校という渋谷区立の小学校。昔だからああいう先生が許された、というような先生でさ、まず「俺はお前らを大学生のように大人扱いする」という宣言があって、テストをしない。で、大学みたいに一学期に一回だけ手書きのプリントをやるから、それだけだと。授業も、例えば社会だと、図書館に行って一番興味のある――歴史でも地理でも、何でもいいから――本を読んで、レポートの書き方を教えてやるからレポートを提出しろと。俺は卑弥呼とか大化の改新とかがおもしろくて、古代に興味を持ってた。

で、読み書き算術だけはちゃんとしろと言われたね。漢字を書けることと、算数の計算ができること。ともかく教科書を勝手にどんどん進めと。教えないんだよ。で、工夫がきい

幡代小学校１年生

ていたのは、利口な子とちょっとできない子を隣りに座らせるんだよ。俺はちょっと算数ができたから、できない子がいると、先生はその子に教えろと言う。そうすると算数の時間、ほとんど教えている。ところが、教えるということは、実は自分にいいんだよね。ああ、こういうことかって自分でわかってくる。国語は教科書を読んで全員でこれが何を言おうとしているのか討論しろと。今でいうテーマ主義かもしれないけど、一時間討論して、終わったらその先生に言いに行く。理科は何かやったかな、油の勉強とか言って肉屋の生徒にビフテキ持ってこさせて、焼いて食ったくらいかな。社会でも、もう都道府県とかそういう一般的な常識を全然教えてくれないから、中学に入ったときにかなり苦労した。とんでもなく常識的なことを知らないわけ。変なことは知ってるんだけどね。

鎌田　普通、国立大学の附属学校がそういうことをやっているんだけどね。教駒（東京教育大学附属駒場高校、現・筑波大学附属駒場高校。二人の出身校）がそうでしょ。でも、なんとそれを公立の小学校でやっていたんだね。

野田　そうなの。それで中学校も比較的そういうタイプの先生が多くて、教科書を使わないことが多かった。それで高校は教駒に入っちゃったでしょ。だから俺、なんかいわゆる教科書的教育に馴染みがなくてさ。

鎌田　そういう〝正当な教育〟を受けていないんだ。でもそれは今風に言えば英才教育ですね。ひっくり返せば、野田さんみたいな子にはすごくよかったのかも。それでも超難関の教駒に入るし、つまり基礎学力は普通にあったわけでしょ。

野田　いや、でも受験するときは大変だよ。
鎌田　あ、そこをくわしく聞きたいですね（笑）。

〝受験用の勉強〟と税金の話

野田　その小学校の先生は、お前ら絶対に塾へ行くなって言ったの。俺、洗脳されていたから真に受けてさ、塾とかいうものは絶対に行かないと決めていて、中学三年の夏休みに初めて行った。そうしたらさ、入試ってちょっと特殊じゃない、質問の仕方も。ときどき質問の意味がよくわからないわけ。「ん？　なんで？」って。だから変なところができなかったりしたけど、でもそのうちに慣れてきたかな、「あ、こういうことか」と。
鎌田　それで入試問題も解決した？
野田　入試問題のパターンというのはこういうことだ、というのをだんだんと覚えてきたね。で、アレに行ったんだよ、東大学力増進会。あそこの教え方ってまたおもしろかったよね。ただ試験だけやって、それを東大の大学院生が解説するだけ。だから授業をするんじゃなくて、最初に試験。試験の丸付けして、それを解説するだけ。でも東大の大学院生っておもしろかったね、そのとき。だから塾の方がおもしろいなと思いながら、それを受けてた。
鎌田　今の話を聞くと思い出しますね。都内でもそういう自由な教育をする小学校や中学校に行くと、あとで苦労するのが高校受験なんですよね。やっぱり自由に遊んでた分、基礎学力がないと。だから、どこかで塾にしっかり行かないと追いつかないですよ、普通は。でも野田さんは何となくクリアしちゃったと。

野田　まあ、でも、中学のときにやっぱり勉強はしてるよ。

鎌田　一人で勉強ですか？　それとも塾でってこと？

野田　塾には行かず、自分一人で。それはやっぱり小学校のときの癖かもしれないけど、教科書を進めばいいやって思うから、どんどん先をやって、あとは自分で問題集とかを見つけてやっていたな。そういう不安は俺にはあんまりなかった。ある種の信仰だったのかも。塾なんて行かなくても大丈夫っていう。

鎌田　それでもやっていけるというのがすごい。で、周りの子たちってどうだったんですか。野田さんみたいな子は他の子たちとうまくいかないようにも思う……うまくいったのか、つまりちゃんと適応したのかな。

野田　適応してたね。ただ、いま思うと「変な子たち」って思われてはいたんだな。その小学校四〜六年の先生が、人を「君《くん》」で呼ぶのは目下の者に言うから、男同士も「さん」付けで呼べって言うのね。つまり「鎌田さん」とか、子どもがよ。授業のときも「○○さんはこうおっしゃいましたが……」とか。

鎌田　そりゃ不自然だよね、絶対に（笑）。

野田　でもそういう教育を受けちゃったから、中学に入ったときも、「○○さんは……」と言うとま

代々木中学校，15歳

わりは笑うんだよ。だけど何と言うか、まあ宗教だからね（笑）。お前らが間違ってるよと思って、「○○さん」ってずっと言い続けるんだけど、同じ教育を受けたやつらがさ、最初はみんな「さん」と言ってたのを、次々にやめていくわけ。信仰を捨てていくわけね。みんな「○○君」とか言い出して、とうとう俺一人が中学一年生の最後まで「さん」でやり切って、二年生でクラスを替わったときに信仰を捨てましたね。

（笑）。その時は、自分の中で、「ああ、堕落した」って思った。で、「○○君」。だけど「君」と呼ぶのも自分の中ではすごく恥ずかしくて、最初は消え入るようにぼそぼそっと「○○…君」とか呼んでたね。

あ、いま思い出した。まぁそういう教育だからさ、小学校の職員室に入るときも、まず扉があって、先生は向こうにいて誰も見ていないのに礼、開けて閉めて礼、先生のところへ行って礼、喋って礼、また扉へ戻ったら礼、ガラッと開けて、礼……そういうことばかり教える先生でさ。

鎌田　はは、戦前の学校みたいだね。

野田　そうそう。それで連帯責任とか言って……だから本当に戦前と同じだった。例えば誰かが授業中に口笛を吹いて、「誰だ」って言われて誰も名乗らないと、もう「お前ら全員外へ出ろ」って全員並ばされたり。その当時は体罰をやっていたから、グーで殴るのはダメだが平手はいいって勝手に決められて、バッシンバッシン。俺は身長が低いので前に座らされているでしょ、そうすると俺は関係ないのにバーンと叩かれることがよくあった、とばっちりだよ。

鎌田　うーん。

野田　でもとにかく子どもを可愛がる先生だった。で、その先生は、授業をやりたくなくなるとだいたい、好きな話をずーっと喋るんだな。中国文学専攻で東京学芸大学を出た先生だった。それで四文字熟語ばかり突然ね、「四面楚歌ってわかるか」って、それで楚の国の話をしたり、別の日には西太后の残酷な話をしたり。本当に興味をひかれる話をしてくれた。だから俺がコンピュータに興味をもったのは、その先生が二進法というのを教えてくれたからなんだよ。つまり「1＋1は必ずしも2じゃない」みたいな話をね。黒板に「1＋1＝10」と書いてみるわけだ。「なんで10だと思うか」って、それで二進法の話をしてくれたの。あの当時に小学生に二進法だからね。

鎌田　また知的な先生でしたね。教養が身につく授業（笑）。

野田　そう、興味をひかれることばかりだった。それできっとよかったんだと思うな。で、その教師が授業をやりたくなくなると、晴耕雨読って言葉を説明し始め、つまり雨のときは教室で勉強するけど、晴れたら外で遊ぼうって言って、野球とかもやってたね。夏になると、多分土曜日だったか、「家に帰って毛布もって教室に戻れ」って言って、それで泊まるの、学校に。無断で。それは秘密だから「絶対に他のクラスには言うな」って言って、そこで遊んだりしたね。

鎌田　野田さんはその先生から可愛がられた方なの？

野田　まあ、可愛がられた方ではあるけど。可愛がられるといっても、別の意味の可愛がられるも、一度あった。その恐ろしい目にあったのは——だいたいみんな一度は恐ろしい目にあっているけど——みんなで詩を書いて、まとめて詩集をつくるということを、週に一回やっていてね。その頃はガリ版で、『ぶどう』という詩集。俺はその編集委員だったのね。金子修介っていう、今は映画監督やってるやつと俺と三人ぐらいが編集委員でさ、金子の親父って反戦活動家でガリ版がうまい。家にもあった。だから学校でやりきれないと、金子の家に行って刷ってた。あの頃はわら半紙で、結構大量に金子の家にわら半紙を持って行って、多分一学期か二学期が終わったときに、それが残ったけどそのまま置いていた。で、金子のお母さんが「野田君、これ学校に持って帰らなくていいの?」って言ったんだけど、「いや、また刷りに来るからいいと思います」みたいなことを言ったのね。それを金子のお母さんが心配して、学校へ持って行った。そしたら給食の時間に、先生に「野田、ちょっと来い」と言われた。だいたい呼ばれると、怒られるか遊んでくれるかどっちかなので「何だ」って思って行ったら、狭い印刷室に入ってドアを閉められて、ちょっとこわい雰囲気があって、「お前、こういう紙はどういうお金で……」って税金の話を始めた。「税金なんだぞ。国の人から……」って、それでバーンバーンって、ものすごい回数やられたね。だから税金、今でもちゃんと俺は払います(笑)。もうね、税金が体に染みついた、そのとき。いかに国のお金が大事かみたいなことだよね。教駒も国立でしょ。だから俺は、同じ高校でも国の税金でできている学校にいる、って意識があったね。あんなにちゃらんぽらんしてたけど、そういう意識は人一倍あった。染みついていた。

鎌田　すごい体験でしたね。

教駒受験

鎌田　では、そのちゃらんぽらんと言われる時代をくわしくお聞きしましょうか。そもそも教駒を受けようと思った動機は？

野田　兄貴がね、都立の学校群制度の一期生なの。だから本当は戸山高校っていう、東大にたくさん入る高校へ行くつもりだったのが、戸山・青山という学校群にされて、青山に回された。青山で高校紛争が始まったのは、実はそういう不満のある生徒がいて、つまり自分が行きたい学校に行けなかったことが、政治的学生運動と絡んで紛争の原因になった。その学校に行っていた兄貴が「都立にはもう行かない方がいい」って言って、教駒の中学入試本を俺が六年生のときに買ってきて、ポンと渡された。で、見たら「何この難しいの」っていう感じで、もう全然わからない。算数とか結構できると思っていたのに全然わからなくて、だから中学はもちろん受けていない。だけどそのときに「教駒」っていう名前が刷り込まれた。なんだこれは、こんな難しいものを解いている同い年のやつがいるんだ、と思って、「すげえな」と。それで中学に入ったら、細谷浩平と一緒になったの。

鎌田　ああ、代々木中学の？

野田　うん。で、細谷の兄貴が教駒なんだよ。細谷は、中学受験のときに教駒を受けて失敗したやつなの。細谷を通してまた教駒を知って、ああ、やっぱりすごいんだなと思った。で、細谷を追い越せば入れるんだな、みたいな感じで、それがわりと目標になった。うさぎのレースのにんじんですよ、細谷は。だから中学に入ってから教駒に行こうかなって思った感じなんだよ。偉そうに言える話じゃないけどさ、勉強もしてなかったやつが。でも教駒っていいなって思った。

鎌田　で、成績はそれなりに？

野田　一年のときにガーッと上がっていったね。

鎌田　教駒を受験してみてどうでした？　受かったと思った？

野田　思わなかった。俺、何かの科目で一杯ミスをしたな、という気がして、どうだろうなと思ってた。受かったときは、東大に入ったときより嬉しかったよね。

鎌田　うん、って言っていいのかな（笑）。でもよく言いますよね。高校からの入学者数は四〇人くらいだから、やっぱりダントツの超狭き門に変わりない。

演劇との出会い

鎌田　それで高校に入ったらどうでした？　やっぱりお聞きしたいのは演劇との関わりです。部活でしたっけ？

野田　俺、最初はサッカー部なんだよ。

鎌田　えっ、サッカー部？

野田　それも細谷にそそのかされたの。あいつ運動神経は悪いんだけど、なんかサッカーやるとか言って、俺も一緒にサッカー部に。でもあの当時、サッカー部ってボールが全然なくて、放課後二時間ぐらい練習をするんだけど、新入生なんか三回ボールを蹴らせてもらうぐらいで、あとはずっと待ってるの。メッチャクチャ時間の無駄だよね。

鎌田　教駒ってそんなに貧乏だったっけ？

野田　いや、上の学年のやつにボールが行っちゃうのよ。低学年の方はボールがないから、順番に並んで、ボーンと蹴るとまた相当な時間並んで、それでまた一回蹴ったら練習時間終わりみたいな。全然おもしろくないと思ったね。

鎌田　なるほど。へえ。

野田　それでどうしようかなと思ってたときに、榊原秀一から「野田君、演劇部に入らない？」って言われたんだよね。で、「先輩いる？」って聞いたら、「いや、今もうつぶれそうでほとんどいない」と。そのとき三年生に二人いて、その一人がここ（東京芸術劇場）の高萩。

鎌田　ああ、高萩宏さんね、ここの副館長をしておられる。

野田　それで二年生も二人ぐらい。だから結構自由が利くかなと思って入ったのがきっかけ。ただそれ以前に、演劇というものにはもう興味があったね。

戯曲を読む小学生

野田　例の小学校の先生のとき、秋ぐらいになるとその先生が一本芝居をつくっていた。台本を書いてくれて、他のクラスも巻き込んで、オペレッタをつくった。

鎌田　オペレッタ！　ほう。

野田　「オペレッタ・こぶとりじいさん」とか「オペレッタ・赤いろうそくと人魚」とか「オペレッタ・杜子春」とか。そういうのをやっていたし、興味はもともとあった。ただ中学に入ると、演劇部って女の子しかいないのね、俺らの時代。だから入ってみたい気もしたんだけど、演劇部の女の子が練習しているのを、見ていないようなふりをして見てた。体育館で稽古しているから、それをこそっと見てたりして。

鎌田　子ども時代に、戯曲とか読んだりしてたんですか？

野田　戯曲は、木下順二からかな。それは小学校のときだね。

鎌田　あ、中学よりも前にもう。

野田　小学校のとき、俺、文庫本を読むのが好きだったの。それで読みやすい文庫本を――あまり漢字が多いのは嫌なので――探してたら、木下順二の『夕鶴・彦市ばなし』に出会って、手垢がつくほど読んでたね。まあそれ以外にもたくさんあるんだけど。

鎌田　小説よりも戯曲？

野田　いや、そんなことはない。小説……お話も読んでいた。意外に暗いものが好きで、小川未明が好きだった。それから中学に入ると、国木田独歩という作家の……俺、悲惨な終わりを迎えた作家のものを読むのが好きだったのかな、いつの間にか。芥川龍之介もそうだったしね。

鎌田　ふーん。それで結局高校で演劇部に誘われて入ってしまったと。で、どういうところから演劇に熱中するようになるんですか？

野田　一年生のときは、別役実さんの『門』という芝居をやらされて……やらされてというか、やることになった。一学年上の二年生がいるから。

鎌田　それは文化祭に上演するということ？

野田　文化祭でやったね。

鎌田　一一月でしたね、懐かしい。

野田　役者としておもしろい、というようなことを言われたのは覚えているけど、勝田（和学）先生がさ……。

鎌田　ああ、国語のね。

野田　あの先生にも俺はずいぶん影響を受けてるんだけど、「野田君、別役実、向いてないよ」って言われて、それは、あ、良かった、言ってもらえたと思ったのを覚えている。

鎌田　そうそう。勝田先生、教員室に生徒を呼んで、いろんな話をしてくれました。

処女作『アイと死をみつめて』

野田　二年生になって、演劇部で何かやるとなった夏休みの前に、また別役実になりそうだったから「やめよう」と言った。二年のときにはもう俺らの自由だったから。そうしたら、みんなで一本ずつ台本を書いてこようという話になった。みんな台本を書いて、一番いいやつをやろうと言ってね。でも夏休みが終わったら、俺しか書いてなかったんだよね。だから選ぶなんてものじゃなくて、「えっ、なんで？　お前ら、書いてくるって言ったじゃん」みたいな話で、それが『アイと死をみつめて』。

鎌田　おおー。野田秀樹の処女作ですね！

処女作『アイと死をみつめて』（1972年

野田　それで上演した。たぶん、劇的に人生が変わったのは、やっぱり『アイと死をみつめて』の初日だろうね。初日をやったらメチャクチャ受けて、それでお客さんが興奮して帰って行くから、「えっ、なんかうまくいったね」みたいな話をして喜んだ。そしたら翌日もまた大反響で、それでそのときに……安野さんっていたでしょ。

鎌田　ああ、非常勤で世界史を教えていた先生ね。

野田　東大の大学院を出た。あの人が見に来てメチャクチャ喜んで、それで東大へ安野さんが行って、東大生を呼んできたのよ。それで東大生たちも見て、彼らも「すごくおもしろい」とか何とか言って、俺が書いたもの以上に深読みしてくれて（笑）。いま東大文学部で教授してる渡部泰明（国文学研究室）なんかも、俺の一年下で教駒だったからそれを見て、で、大学で遊眠社に入ってきたの。

鎌田　引き込んだの？

野田　いや、引き込んでいない。だから、あれを見ているから。あとは宮城聰って、いま静岡芸術劇場の芸術監督をやっているやつも、あいつは当時中学生だったんだけど、あれを見てた。だから結構影響力があったんだなあ。何がそんなによかったのか、いまだにわかっていないんだけど。

不条理・浪漫派・リリシズム

鎌田　作家って、処女作にその後のすべてが表れているってよく言うじゃないですか。ご自身で『アイと死をみつめて』を振り返って、その点はどうですか。

野田　まあ非常にデタラメな話だよね。

鎌田　確かに、デタラメね。不条理と言ってもいいんじゃないかな。当時はアルベール・カミュ（一九一三〜六〇）とか流行っていて、みんな「これも不条理、あれも不条理」と口走っていたけど（笑）。で、野田さんは、不条理ではなく敢えてデタラメと言いたい？

野田　まあ、不条理だろうけど。

鎌田　そこね、そこは野田芝居の中で大事なところだと思うんです。で、どうなんです？

野田　うーん。ただね、不条理の中で自分が最後終わらせていくところに、きっとロマン派が入っていた、おそらく。

鎌田　えっ、オノレ・ド・バルザック（一七九九〜一八五〇）とか、そういう意味の正統ロマン派？

野田　いやいや、そうじゃないな、日本。

鎌田　日本浪漫派か、日本の方に寄っているのね。
野田　うん、そういうものがきっと入っているんだろうと。それと幾ばくかのリリシズムとね。だからなんかね、きっとそういうものが混ざり合って、単純な不条理ではない。不条理っていうのは、ただ乾いているじゃない。ただ乾いた世界へ行くのがきっと嫌だったんじゃないかな。なんか『アイと死をみつめて』の本をいま読むと、そんな風な感じがするかな。あ、さっきの内田洋一さんの本の最後の方に戯曲が載ってるよ。
鎌田　それは今でも戯曲を作るとき、かなりえげつない話になっていても必ずリリカル、つまり叙情的なものが入ってくるということ？
野田　二〇代、三〇代ぐらいまではそうなっていたと思う。
鎌田　あ、三〇代までなんですか。そのあとはロマン派ないの？
野田　ロンドンに行ってから、自分の中でそこが嫌になって……。
鎌田　あっ、そこで変わったんだ！　でも僕が聞きたいのは、やはり最初のリリカルなものは、ずっと通奏低音としてあるんじゃないですかね？
野田　出しやすいものとしては、自分がそっち側の方向に行きやすいところがあると思う。
鎌田　心情的に残っているのかな？　うん、なんとなくわかるような気がします。

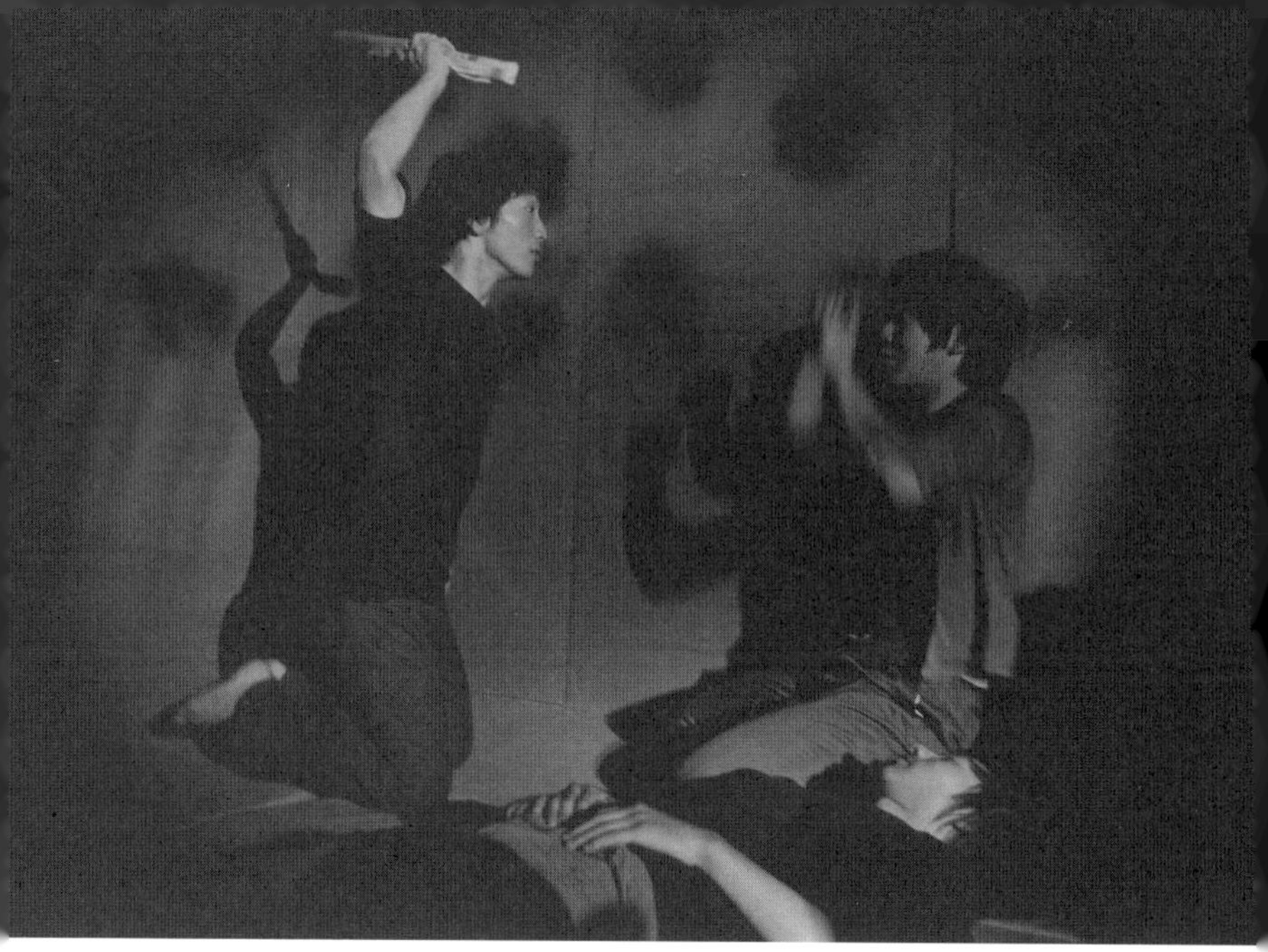

『ひかりごけ』(1973年)

高校文化祭で『ひかりごけ』

鎌田　ここで大学進学について聞いてみたいと思います。そもそも野田さんはどうして東大に行こうと思ったの？　なぜわざわざ東大へ？

野田　まわりのやつはね、早稲田の演劇科とかに行けって言ったりした。

鎌田　そうだよね、伝統の早稲田文学部演劇映像コース。

野田　でもなんかね。性格が天邪鬼なのかもしれないんだけど、「なんか、違うよなあ」って。その次にみんなが、じゃあ東大の文学部へ行けと言う。これも「うん、やっぱり違うんだよなあ」って。俺は別に研究したいわけじゃないしなと、そこがね。

　でも自分なりに悩んだね。親とも相談した。親はとにかく、なるべく選択肢のあるところを選んでおけば、後から大学に入ってからだって、こういうことに変われるんだからというような話で。当然現役で法学部に入れるようなつもりでいたんだけどね。
で、三年生の一一月に文化祭があったときに、クラスのやつが演劇をやるって言い出して、勝手に「野田に何か書かせよう」とかって、俺がいない間に決めちゃったんだよな。「それは聞いてないな、俺」ってなった。

鎌田　偶然ですね、偶然（笑）。

野田　それで、じゃあ武田泰淳の『ひかりごけ』を自分なりに書き直していいか、と言って、書き直すにもほどがあるみたいな書き直し方をしたんだけど……あれは書き直しじゃないな、もう。

鎌田　まさに、オリジナルだよね！

野田　もう「ひかりごけ」という言葉だけ借りてきて、好きなように書いた。とにかくそれをやってから受験勉強しよう、本格的に受験準備に入ろうと思ってね。もちろんその前にもやっていたけど。で、受験勉強やってみて、意外に調子がよかったんだよね。で、なんかそのまま行けると思っていた。

鎌田　そうそう、いま思い出した。受験前に、電車の中で野田さんに「東大のどこ受けるの？」と聞いたら、「文一（法学部コース）」って言う。「えっ、文三（文学部コース）じゃないの？」と聞き返したことを僕は鮮明に覚えているんです。で、『ひかりごけ』を好きなように書いて、文一を受けたわけね。

まさかのあがり症？

野田　俺の恥部なんだけど、実は俺はものすごいあがり症なの。でね、東大の試験のときに吐いちゃったの、最初の国語の試験のときに。それで教室から出ちゃった。なんでかな、急にだよ。そういうところが俺は変なんだよね、自律神経が。それで気分が終わっちゃったんだよね、「ああ、ダメだ」みたいな。で、結局浪人した。

不思議なんだけど、浪人した年、また吐いた。だけどそのときは教室に戻って問題を見たら、自分の知っている古文だった。自分が読んだことのある古典。あ、これは読めると思って、それで結構救われた。偶然だけどね。

鎌田　へえ。

野田　変なんだけど、吐くっていうのはサッカーでもあってね。サッカー部からときどき試合だけ「来い」って電話がかかってきて行っててね、教駒ってわりと運動神経悪い人が多いから。

鎌田　ああ、人数足りないから野田さんが助っ人ね（笑）。

野田　そのときも必ず、前半と後半の間に吐いていた。あれがなんでなのかわからない。精神的なものではない気がするんだけど。なんか、吐きぐせがある。

鎌田　その後もあるんですか、そういうことって？

野田　芝居、遊眠社をやるようになってから俺、タバコを吸っていて、直前まで吸って稽古初日にバーッと動くものだから気持ち悪くなる。いつも稽古初日は吐いてたかな。あと暗示にかかりやすいんだ、たぶん。稽古初日に動いたら吐く、みたいなパターンがあったの。だからサッカーやって、前半が終わると「あ、ちょっと吐いてくる」なんて、そういうことがあったね。

鎌田　本当は、吐くのは大事な体の機能だよね。吐いた後で自分の身体が緩むから、正常に戻るんですよね。だから東大入試の二回目は、そこで正常な身体に戻ってよかったのかもしれない。

野田　うんうん。一回目のときはね、やっぱり吐いたショックの方が大きくてさ。

鎌田　ああ、びっくりしたでしょうね。

野田　こんな当日に、なんでこんなことが起きるんだろう、みたいな。これ、初めて語る過去ですよ。

鎌田　うん、すごくわかる。自分のことは題材にするのが難しいだろうけど、今の「吐く」というのはきわめて「皮膚的」なんで、次の芝居ネタになりそうな気がします。

野田　海外の映画ってよく吐くの。日本ってそういうシーンとか絶対につくらないけど、向こうはへっちゃらだよね。

鎌田　確かにそうですね。

野田　しかもモンティ・パイソンなんか、吐くところを笑う。こんなに太ってどんどん食べたやつが、最後ウェーッて吐くところか、ゲロで爆発するところかで終わる。これがこいつらには笑えるんだ、と思ったな。モンティ・パイソンって、たいがい笑えるけど、あそこだけは俺は笑えなかったね。あれって、ちょっと感覚が違うよね。

鎌田　そう、野田作品にはその感覚はないよね。

東大進学

鎌田　それで無事に東大入りました。その後、やっぱり夢の遊眠社の話が聞きたいですね。どうやって、この一大組織を立ち上げたのか、とか。

野田　立ち上げたというかね、俺が演劇を一緒にやっていた仲間は、先に入っちゃったんだよね、東大に。それでみんな、俺を待っていてくれた。早く来いって待っててくれていて、だから俺、浪人中も東大に芝居を見に行ったりしていた。それで「あんまおもしろくねえな」とか、生意気な感覚で帰って来てたわけ。で、入学しても、普通は一年生がすぐ台本を持って来て「これやりましょう」ってことはあり得ない。大学は四年生までいるんだし。でも俺は仲間がいたから、「野田の芝居がおもしろいよ」とかなんとか二年生が言ってくれてね。三年生、四年生なんかは「ん？」っていう感じだけど、その人たちも、野田っていうおもしろいのがいるっていうのはずっと話に聞いていた。本庄伸一とかいたの。それで俺の台本を見て、上級生の本との投票になった。

鎌田　そこでは候補がいっぱいあったんですね。

野田　あった。いや、でも二つか三つ。で、上級生のに勝ったのよ。俺の友だちがいたのと、そのへんが説得とかしたのかな。俺が勝ったやつは小川といって、いま阿川大樹という名前で小説も書いてます。本名は小川大樹っていうんだけど、この前新聞に広告が出てたな。その小川はギターも弾けたので、結局、俺のその芝居のギターをやった。それが東大での最初だね。そのまんま春、秋と、自分の芝居をやった。春に、なんかお客さんが入ったんだよね、とにかく。お客さんが入ったから、秋もそのままやることになった。

夢の遊眠社誕生

野田　そのうちに大学の外で芝居をやろうという話になった。二年生の春か秋か、外苑前のＶＡＮ99ホールってところでね。そのホールは、その後すぐつぶれて、今はなんか男性のブランドのお店になっている。なぜそこでやることになったかというと、あそこって実は、つかこうへいさんのやったところで、それこそ風間杜夫が出た『熱海殺人事件』とかで爆発的に人気が出た。で、つかさんが紀伊國屋ホールに進出したのね。それによってＶＡＮ99ホールは、他に若手のおもしろいのがいないか、ということで、劇団オーディションをやった。それに俺の先輩たちが応募した。そのときに「夢の遊眠社」という名前をつけたの、東大劇研だと変なので。

鎌田　なるほど！　そもそも遊眠社の由来は何ですか？

野田　俺がつけたんじゃないんだな。つけるところにはいたんだよ、先輩とかも一緒にいて。あんまりいい名前ないなあと思って、まあ別にいいか、どんな名前でも、とか思ってた。

鎌田　最後までこの名前でしたよね、解散までずっと。

野田　そう。ちなみに「おもしろくてためになる夢の遊眠社」という名前だった。

鎌田　あ、そうなの？　へえ、知らなかった。

野田　ところが『ぴあ』とか雑誌に出すと、「おもしろくてためになる」は長いので割愛されちゃった。で、「夢の遊眠社」に。

鎌田　ほー。ちなみに僕の評語は「おもしろくてためになる教授」なんですよ。戦前の講談社がこのキャッチフレーズで雑誌や本を出したんですね。

野田　ああ、そうそう。講談社文庫、おもしろくてためになる！

鎌田　そう。それでね、「夢の遊眠社」はおもしろいのはいいとして、野田さんは「ためになる」と思っていたわけ？

野田　俺がつけたんじゃないよ。

鎌田　そうね。でもつけた人は「ためになる」と思ってたんだ、東大演劇部の人？

野田　いや、なんかジョークでしょ。

鎌田　単なるジョークですか。ああ、びっくりした（笑）。

野田　そっちはジョークだね。でも鎌田先生はおもしろくてためになる？

鎌田　それはね、結構まじめなんです。だって学校って、ためになるけど全然おもしろくないでしょ。その逆に、ギャンブルっておもしろいけどためにならない。たいてい、どっちかじゃないですか。つまり「二律背反」で、今はやりの言葉だと「トレードオフ」だから。それをね、トレードオフにしないために考え出したのが「おもしろくてためになる教授」。おもしろくするため服を毎回変えて講義する。そもそもこの格好（赤ジャケット）で登壇するんです。教授らしからぬ目を引く出で立ちが前評判となって学生が集まるという仕組み（笑）。

野田　なるほどね。それはいつぐらいから始めたの。

鎌田　大学に移籍してすぐですね。「地球科学入門」なんて地味な講義は京大生がそっぽ向いていたから（笑）。これはアカンと思って、まずは学生の気を引こうと思ったんですね。まずファッションを変えて、それから話し方も変えて、Q＆Aの時間を入れてなど、すべて変えた。

野田　だから俺は——まあ教駒の生徒はみんなそうだけど——そういうイメージじゃなかったからね、鎌田さんは。

鎌田　うん、全然このイメージなかったと僕も思う。

野田　だけどあの学校は、そういう格好したってよかったんだよね。何を着たっていいんだよ。

鎌田　そうそう。

野田　私服の学校で、俺も最初から私服だった。でもみんな学生服着てたよね。だんだん学年が上がるにつれて私服を着るんだけど、そんなに派手なものは着てなかった気がする。地味にさ。

鎌田　そうそう。で、僕はぜったい目立ってなかったでしょ、高校のとき。

野田　いや、そんなことはないんじゃないかな。

鎌田　知ってた？

野田　うん。

鎌田　えっ、ああそうですか（笑）。

東大退学

鎌田　大学時代のエピソードで、もう一つ聞いておきたいことがあります。東大に六年も在籍して、どうして途中でやめたのか。中退したときの経緯です。

野田　とりあえず単位が足りなかった。やめたときはね、もう法学部の四年という資格にまでなっていて籍は本郷にあったんだけど、劇場は駒場にしかなかったから、俺はいつも駒場に行ってた。そしたら本郷の友だちから連絡があって、「野田、教務課のところにずっとお前の名前が張り出されてる。行った方がいい」と。それで何となく退学の勧めかなと思いながら、でも劇場を使わなくちゃいけないからちょっと頑張ろうと思って、その時で、六年間在籍だったんだけど「八年いられるよね」という話をしようと教務課へ行った。で、結構勇ましく入って行ったんだよ。そしたら教務課の人がニコニコして「そこに座って」って二人……三人かな。

鎌田　あっ、取り囲まれたんだ（笑）。

野田　ソファに座ったらさ、それがすごいふっかふかのソファで、こーんなになっちゃって（後ろにズーンともたれかかる感じ）。それでなんかこっちが急に弱くなっちゃってさ。そしたら向こうがバーッと資料を出してきて、「野田君の演劇すごいらしいね」って。

鎌田　もうわかってるんだ、敵はね。

野田　わかってる、わかってる。

鎌田　調べ尽くしている、ってわけね。

野田　「大変な評判だよね」って言われて、「ああ、ありがとうございます」。「で、取りあえず単位が、九〇取らなくちゃいけないけど、今、一二四だよね。今年は卒業しなきゃいけないから、頑張るよね」って、まずそう言われて。「いやー、これから一年では取れないと思います」と、こりゃ絶対無理だなと思った。「だとすれば、あなたは手続きをしていないので、八年いられないんだよ」と。手続きをしておけば延ばせたんだけど、一切していないから六年で終わりなんだって。実は東大の法学部は、強制退学者を――どのくらいって言ったかな――十何年出していない。もう一つひどいのは除籍だけど、除籍・強制退学を出していない歴史があると。三つ目に、自主退学というのがある。自主退学は「このハガキに書いて投函してくれればできる」と。で、自主退学のいいところは、戻りたいときに戻れる。戻ろうと思えば戻れないことはない、と。「だからこれをお勧めする」と言われてね。最初は勉強しなさいって説得されたんだけど、最終的には「無理なものは無理なんで」みたいな話になって、その道を選んだ。

鎌田　ということは、戻る気がまだ……？

野田　いやいや、ないない（笑）。……っていうか、強制退学させてくれなかっただけだもん。向こうは、法学部に傷がつくからさせたくないの。いま思えば、強制退学させてもらえばよかったな。

鎌田　えっ、そうなの？

野田　どうだろう。いや、でも戻る気はないのよ。

鎌田　聞いたことあるんだけど、自主退学したら、もう一回復学はできるんでしょ。

野田　というような説明を受けたと記憶します。昔のことだけどね。

鎌田　野田さんがまた学生に戻ったら、すごくおもしろいなと思うんだけど！　ときどきいるじゃないですか、大学とかで教えているのに、突然辞めて学生になっちゃう人。

野田　もしかして期限とかあるのかな。今から、「俺、自主退学なんですけど、復学できますか」って可能なのかな？

鎌田　そうしたら大ニュースになるね、絶対！

野田　まあ、できねえだろうな。

鎌田　うーん、残念。すみません、個人的な興味でした（笑）。

大学教育の価値

鎌田　それでは、ちょっとまじめな話をしますね。結局、大学の教育は、野田さんにとって何の役に立ちましたか？　そもそも大学の存在意義とは、でもいいです。

野田　うん。大学の存在はまず、劇場。

鎌田　劇場を貸してくれた意義ね（笑）。場の提供者としての大学ね、なるほど。

野田　それプラス、自分は大学で授業を受けない分、勉強しようと思った。だから本を読みあさったね。そのときに、発生学の本とか、何か興味のあるもの、澁澤龍彥と出会ったのも学生の頃。まあ、自分の興味のあるところにずっと行った。坂口安吾と本格的に出会ったのもそのとき。

鎌田　そうそう、坂口安吾は僕も学生時代に知った。駒場には少しだけ第二次安保闘争の余韻が残っていて、安吾や高橋和巳なんかを読んでいる先輩がいた。やたらと薦められたんだけど、いま振り返ると貴重な体験だったね。それで、大学の中で数少ない授業の思い出とか、友だち・同級生との思い出とか、そういうのはないんですか？

野田　友だちはいない。

鎌田　ん？　ゼロ？

野田　友だちはね、だから教駒で終わってるんだよね。教駒の友だちが東大に入って、一緒に芝居をやっているから。まあ、高都《たかつ》（幸男）ぐらいか。いま演出補やってるやつぐらいで。新しい友だちはなあ……。同じクラスだったからときどき連絡をくれたりもしたけど。江田憲司っていう神奈川県の国会議員わかる？　彼が同じクラスで、多分、一回連絡してくれた気がするんだよね。なんか同窓会みたいなのやるから来ないかって。

鎌田　そうそう、駒場は語学の組み分けでクラスがあったよね。僕は先日、理科二類・三類のクラス会に何十年ぶりかで出た。野田さんは、文一のクラス会とかクラスコンパには出ないの？

野田　出てない。

鎌田　全部、演劇の方へ足が向いちゃっているわけ？

野田　入学したときのクラスコンパは出たよ。

鎌田　……それだけ、なの（笑）。わあー、大学とのオフィシャルな関わり、めっちゃ少なかったんだ。

野田　あ、でも例えばコンピュータの授業でね……。

鎌田　そうそう、コンピュータの授業ってあった。当時の最先端はＦＯＲＴＲＡＮで、僕らの頃、それ受講しているのがチョッピリ誇りでね。

野田　俺コンピュータは好きで、ちゃんとわかってたんで、レポートを書いて、まわりのやつらに貸してあげたんだ。みんなそれで単位を取ったんだけど、俺はなんか出し忘れちゃって単位が取れなかった。「えっ、俺が書いたのに」っていう思い出がある。

鎌田　へえー。何か天才野田らしいいい話だ（笑）。

野田　でもまだ一、二年のときは、フランス語とかに出てたな。あと高橋康也《たかはしやすなり》さんの英語の必修授業に出た。その頃『不思議の国のアリス』を訳してたね。で、演劇部の顧問でもあって。

鎌田　あ、顧問だったんですか。

野田　うん。授業でジェームズ・フレイザーの『金枝篇』を読んでいて、俺、たぶん一回ぐらいしか受けなかったんだ。ただ、ずうずうしく試験だけは受けようと思って行って、で、見たら「何の質問、これ？」ってぐらいわからなかった。つまり授業を受けていないから。だから裏返して、「なぜ私は表に一文字も書くことができないか」という命題を勝手に書いて、ザーッとびっしり埋めた。そうしたら「Ｃ」をくれた。で、康也さんは、その後ずっとそのことを言ってたの。

鎌田　答案にどういうこと書いたんですか。

野田　いや、理屈。

鎌田　「授業に出てない理屈」じゃないですよね（笑）。

野田　そういうことも書いたかもしれない。

鎌田　残ってないかな、それ。

野田　そうだねえ。でも康也さんはおもしろかったな。そういう学生がいなくなったな、みたいな話をしてた。もう亡くなられたけど、おもしろい人だったな。

鎌田　彼が書いた中公新書『道化の文学』（一九七七年）は名著ですよね。僕も駒場で習いたかった教授の一人でした。

こぼれ対談① ユニークな同窓生

野田　教駒の人はみんなクセがあるじゃない。まあ、今は知らないけど、当時はものすごくクセのあるやつばかりいたから、やっぱりそれぞれ覚えているね。

鎌田　確かに、一人ひとり覚えてる。

野田　「絶対勉強好きだよな、あの人」とかさ、そういうの。

鎌田　森村進君とか？　今でもしっかり勉強してるもんね。

野田　そうそう。高校の図書室の本に挟んでる貸出カードを見るとさ、とにかく「森村」って名前がある。どれを開いても「森村」。「どんだけ読んでるんだ、こいつ」みたいな。

鎌田　今、一橋大学でリバタリアニズムの権威ですけど。森村進教授。

野田　彼も法学部に行ったんでしょ。

鎌田　そう、法学部。

野田　そうだ俺、入学一緒なんだよ。森村、一日五冊ぐらい借りてたんじゃないかな。

鎌田　そうそう。で、全部読んでたね。

野田　そうだよな。あとね、松永（大介）なんかは、コンサイスの英語辞書の単語を全部覚えてるやつだった。

鎌田　うん、外務省に入った。

野田　そう。ときどき俺が試験するとさ、ちゃんと答えるの。これは絶対覚えてないよねっていうのでも覚えてる。ところが、そういうくだらないのまで覚えているから、英作文すると、全然普段使わないような単語を使ってくるわけ。だから間違いになっちゃう（笑）。日本語を並べれば合ってるんだけど、「いや、そこにそれは使いませんね」って先生に言われて。

鎌田　減点される（笑）。

野田　もうずっと、休み時間も、学校へ来るときもコンサイス。コンサイスがこう膨れ上がって閉まらない。
鎌田　そうそう。
野田　やっぱ変なのが多かったな。
鎌田　そういう中で、なんか自分が目立たなければいけない、というのを植えつけられる。
野田　そうそう。あ、古川（昭夫）なんかも数学がすごくて、将来どれだけの大数学者になるんだっていう感じだったよな。もう一年生のときから東大の数学の授業ができるようなぐらい。
鎌田　彼、駒場へ行って東大の授業にもぐってたんです。中学のときだよ。
野田　あ、中学から？　すごいね。ただ、当時のあの学校の不思議なのはさ、受験はもうできるのが当たり前。で、受験以外の何がすごいかっていうことが重要だったよね。
鎌田　そう。みんなに何でアピールできるか、だね。だから野田さんはすでに目立ってた（笑）。
野田　いやいや、演劇とか流行らないから。あ、俺、思い出したんだけどさ、鎌田さんも足速かっ

たでしょ。一緒に走ったよね、リレーでいたよね？

鎌田　そうだ、体育祭のときね。

野田　体育祭のとき。一年生の。

鎌田　あのとき、林（正彦）君とかも速くて追いつかなかったよ。でもがんばって走ったのを覚えてる。

野田　でも計測したら、一〇〇メートルは俺が一番速かった。

鎌田　うんうん、覚えてる。体育の時間か何かで一緒だったね。僕ら、そういう意味では短距離ランナーなんだね。『長距離ランナーの孤独』（アラン・シリトー）じゃなくて、短距離ランナータイプ。二人とも瞬発力だ。

で、初めて会ったときのこととか覚えてる？

野田　クラスが違ってるからなあ。でもその走ったときの印象がある。「鎌田って、足が速いんだ」って。

鎌田　たった四クラスしかなくて、組替えもあったし。それで音楽祭、体育祭、文化祭、林間学校、観劇会、修学旅行、ロードレースって行事がめったやたらに多くて。そういえば、駒場に教育大農学部の田圃があって、田植えと草取りと何と稲刈りまでやった。井の頭線がゴーゴー通る脇だよ（笑）。そこで獲れた米を赤飯にまぜて卒業生に配る。四クラスゴチャまぜで何だかいろんなことをやったからね。

野田　そうそう、だからクラスが違ってもだいたいみんな知ってる。

第2講　NODA・MAP設立以降——ロンドンからの道

一人、ロンドンへ

鎌田　かけ足ですが、第2講は「NODA・MAP設立以降」ということで。ロンドン研修時代あたりからお聞きしたいのですが。

野田　まあ、ロンドンへ行ったのは遊眠社という劇団をやめてからの話だけど、行くのを決めたのは結構早いんだ。劇団を解散する一年以上前にもう行こうと決めてて……。ただ劇団って、解散するのに、やっぱり劇団員みんな生活があるので、早めに伝えて、それぞれの身の振り方とかどうやっていくかをだいたい見通せるようにしようと思った。

鎌田　早めにって、具体的にはどのくらい前に？

野田　一番遅くても八カ月か九カ月前には言ったと思う。もっと先に言っておかなければいけないなと思うやつには、ちょっとこっそり話したりして。

鎌田　劇団運営についてはまた改めて聞きたいですが。まあ行くまでにいろいろあって、ですよね。

それで実際に行ってみてどうでした、ロンドンは？

野田　ロンドンの一年間は、俺の中では夢のような感じ。ずーっと演劇のことだけをやれて、役者としてワークショップに出たり、それから夜は芝居を見て……空いた時間はほとんど芝居を見てた。だから一生で一番演劇を見た時間。

鎌田　ああ、そうですか。

野田　だからある種のいろいろな方法を――ちょっと傲慢かもしれないけど――ほぼ見たと思う。

鎌田　それは正統シェイクスピア劇からアングラまで。

野田　アングラというか、小さいところまでね。

鎌田　なるほど。

野田　見て、いろんなものを得た。だから、オペラなんかに興味を持ったのは、ロンドンへ行ってから。ロンドンにはロイヤル・オペラとイングリッシュ・ナショナル・オペラっていうのがある。ロイヤル・オペラの方は本当に正統な演出だし、音楽も、歌手も超一流。だけど俺が興味があったのはENO――イングリッシュ・ナショナル・オペラの方。そっちは今まさに旬の演出家にオペラを演出させるから、メチャクチャ演出がおもしろいの。俺、最初、『IDA』って、『アイーダ』のことだって気づかなかったの。「なんだ、この『イーダ』って？」って、そのくらい違う話に見えた。それで途中で「ん？　なんか知ってるかな？　これ、『アイーダ』だ！『イーダ』じゃない」って。そのくらい演出が斬新なの。なんかツルツルした素材をいろいろ使ってたな。その当時、二五年ぐらい前だからね。

鎌田　イギリス的ツルツルですか⁉　しかも日本の素材とは全く違うんだ。

野田　そうそう。おもしろかったな、ああいうの。あと、ロンドンだけじゃなくて、ヨーロッパのいろいろなところに行けたから、バルセロナとかに行って野外のオペラを見たの。若い人たちがつくったものだったけど、ブリキだらけで斬新でおもしろかったな。

オペラ演出

鎌田　ちょっとお聞きしたいのは、オペラには音楽が入るでしょ。それといつもの野田芝居とは違いますか？　そもそもオペラはつくらない？

野田　オペラ、俺、二回演出してるの。

鎌田　そうだ、そうだった。僕『フィガロの結婚』を見に行きました。ちゃんとレパートリーに入っているんですね。

野田　いや、まあ自分は、音楽はそんなに得意ではないなと思うんだよ、スコアが読めないから。やっぱりオペラの演出って、スコアの読める人が本当は最適だろうなと。ただ、それがわかっているので、演出するときはアシスタントに音楽のわかる人を必ずつけて、どこに無理があるかとか確認したりね。変なところで盛り上げちゃいけないじゃない、そこを相談しながら。だけど、だいたいまあ、曲調を聞くからね、わかるのはわかるけど。

鎌田　もう一つは何でしたっけ。今、二回演出したとおっしゃったけど。

野田　ああ、もう一つはね、『マクベス』。それは新国立劇場で、もうずいぶん前にやったな。それ自体はよかった。ただ、ベルディはやっぱりなあ……モーツァルトは俺に向いてると思うんだけど、ベルディはむずかしい。まず一番あったのは、ベルディはカットできない。とんでもないって話になる。「ここずーっと同じ曲調だから、ちょっと短くできませんか？」とか言っちゃったら、とんでもないって話。「ベルディを⁉」って（笑）。

鎌田　そういうもんなの。へえ。

野田　でもほんのちょっとやってもらったけど、実は。いやもう、ずーっと兵士が行進してテさ、早く次へ進んでいいと思うんだよなーっていうような曲調が続くの。で、たぶんこの話は本当だと思うんだけど、なぜ同じ曲調を使い続けるかっていうと、昔は繰り返すことで歌手が覚えてたんだってさ。だから同じことを歌うでしょ。「俺は蝶々のように何とかするー　俺は蝶々のように何とかするー　俺はー　蝶々のようにー　何とかする」ってそこまで。もう、わかったよって（笑）。でも、それなりの理由があったんだよ。

鎌田　その時代のね。

野田　それを踏襲するべきなのかどうか、俺はわかんないんだけどね。それでも伝統だからね、西洋の伝統。そこはなかなか無視できない。で、モーツァルトは意外にみんな「モーツァルトだから」みたいなことで、わりと緩い。それはたぶん、日本の歌舞伎なんかもそうだと思う。絶対にいじらせない演目ってあると思う。

ロンドンで得たもの

鎌田　ロンドンに行って、結局何が変わったと思いますか。

野田　ロンドンへ行って圧倒的にその後の俺の財産になったのは、いま一緒に仕事をしてるキャサリン・ハンターらとの出会いだね。まあ、キャサリンとはそのときには直接会っていないんだけど、その仲間たちと会ったので。今日、ここ（東京芸術劇場）でワークショップをやってくれているリロ・バウアーも。ロンドンからパリへ移って、いま演出家だけど、彼女が俺の最初の先生だね、ワークショップの。俺、ロンドンで学生のワークショップに行ったの。で、彼女に「秀樹はそのクオリティじゃないね」と言われて、まあ年もとっていたしね。それで「こっちへ来い」と、作品をつくる方のワークショップに呼ばれたの。で、一年間ずっとその“Three lives of Lucy Cabrol”（「ルーシー・キャブロールの三つの生涯」）というコンプリシテという劇団がつくった作品のワークショップに参加した。だからいろいろなアイデアを出したり、実際に動いてさ。

そこの演出家はサイモン・マクバーニーというんだけど、そのサイモンは、俺が役者として実際に本番に参加できると思ったわけ。かなりその気配を感じていたから、「俺は一年経ったら日本に帰らないといけないからね」とずっと言ってたんだけど、会うたびに「それで何月空いてる？」とかって言う。「だから、俺は、一一月三〇日になったら日本に戻らなければいけない人間だから、実際の本番は出られないよ」と。

で、「日本の山の音楽みたいなの知ってる?」とか言う。山は知らなかったけど、「庭の山椒《さんしゅ》の木」というのがあるでしょ。それで「こんな歌あるよ」って、その歌を歌って聞かせた。そしたら「あ、それいいな」って言われて、オープニングで俺にそれを歌わせて、そこから山に入っていくような話になった。

鎌田　日本語で?

野田　そう日本語で歌った。でもまあ最後の最後で「俺はダメだから」って言って、それから本番が出来上がったのを――ロンドンで見たのかな、日本で見たのかな――見に行ったら、スイスの山の歌をスイス人が歌ってて、おもしろかった。あれ、俺が残ってたら日本語で始まってたんだよね。

でもサイモンが、その後『春琴』とか日本文化をベースにした作品を作り始めた。彼が日本に興味を持ったのは俺がいたから。それまで彼は日本のことなんか全然知らなかったので、俺といろんな話をして、そこからだね。だから、こっちもいろんなものをもらったけど、こっちからもいろんなものを渡して。意外に日本のことをちゃんと話すと、みんな結構興味を示してくれるし、イギリスの役者って誰でも、日本に来ると絶対にもう一回来たいって言う。これはやっぱり日本の特徴なんだろうな。なんか日本人ってやっぱり一見、人間がいいんじゃないのかな。外面がいいのかな。わかんないけど、なんかみんな「やっぱ日本人はいいわ」って言うもんね。

鎌田　僕はアメリカ留学したときに同じことを言われた。日本人以上に日本のことを知ってるし、日本の自然のよさがわかっている。というのは、西洋は自然を克服する思想でずっとやってきたでしょ。だから哲学も自然科学も生まれたけど、日本は全然違う。例えば、日本人って「雨が降れば、それなりに雨もよし」みたいに、自然の流れに委《ゆだ》ねてしまうところがある。だから、大雨になって災害になっても、それも天然の摂理などと思う。木製の橋が流れたら、川にかかった橋が雨で流されたら、「流れ橋」と言って流されるままにしておく。木製の橋が流れたら、また簡素な橋を作って渡せばいい。ここで西洋のように頑丈な鉄骨の橋をつくろうとはしないんだよね。そうした「皮膚感覚」と言っていいものに西洋人はすごく驚くし、一方でそれに惹き付けられるんだと思いますね。日本人はよくそこまで地面と一緒に生きていけるね、って賛嘆される。

野田　なるほど。それと同時に、日本人は非常に機能的でしょ。

鎌田　そう。自然と共に生きると言いながら、一方では機能をすごく重視する。

野田　だから、その両方を持っているから、旅行者としてちょっと居やすいんだろうね。

鎌田　そう、旅行者にとって、日本人は付き合いやすいし、外国人に合わせてくれるし。

野田　うん。海外へ行ってイラッとするのはさ、「お前、その話さっきしたんじゃない？」みたいなことがいっぱいあるもんね。昨日と言っていることが全然違うとか、そういうことがあるからね。

鎌田　確かにインドとかはね、生き方が全然違うから、合わせるのが大変ですよね。

でも演劇に関しては、ロンドンの人間は野田さんには合ったと。

野田　そうね。自分と同じ方向を向く演劇仲間がロンドンにはいた。彼らと出会えたことは、やっぱりその後の自分にとって非常に大きいと思う。
鎌田　それはイギリスという本場で演劇の本質、伝統を確認したということですか？
野田　そう。で、実はそれは俺が二〇歳……学生の頃にやっていた作業とそんなに遠くなかった。つまりそれはワークショップなんだけど、ワークショップというのは、成功だけを目指すわけではなくて、探る作業なの。で、若い頃って、時間はあるけどお金がないから、結局ずっとそんなことをやっているわけ。それがある時期から公演中心主義になって、成功しなくちゃならなくなる。そのときに、やっぱり自分が演劇を最初に始めたのはそのためじゃなかったのにって……たぶん探るためにやってたわけね。
鎌田　つまり、試行錯誤してたってこと？
野田　うん。そのためにやっていたことが、やっぱり劇団を維持しようとして変わっていってたなと。
鎌田　それに対して、ロンドンでは錚々《そうそう》たるプロの、ロイヤル・オペラやロイヤル・シェイクスピアでも、やっぱり試行錯誤をしていると？
野田　している、もちろん。それは半端ではないと思う。まあ、今のロイヤル・シェイクスピア系になると考え過ぎだけど。考え過ぎの人たちが多い。
鎌田　ロンドンのもう一つのオペラ。ロイヤルじゃない方……何だったっけ？
野田　ああ、イングリッシュ・ナショナル・オペラ。
鎌田　それそれ。そこはちょうどバランスがいいの？

野田　イングリッシュ・ナショナル・オペラは、歌い手のクオリティとかを特別求めないで、実験的なことをいっぱいやるよね。でももう今は、ロイヤルでも、歌手にもあらゆることをさせる。日本の『マクベス』の演出をしたときびっくりしたのは、日本のオペラ歌手は、いまだに手をこうやって組んで歌うやつがいる。ね、コントでオペラ歌手をやる人みたいでしょ……。

鎌田　ははぁ（笑）。ほんと、そういう典型的な組み方するよね。

野田　そう。でも本当にこうやって歌うやつがまだいてびっくりした。あとその時、オペラでは舞台上で寝ることはできないとか、前に声が飛ばないから。逆を向けないとか。もうロンドンなんか、走ったり、ワーとかキャーとかして歌っているのに、やっぱりこの差はどんなもんでしょうって感じがしたよ。あれま、ちょっと脱線したね。

鎌田　脱線、すごくオーケーです。みんなそれが聞きたい（笑）。

NODA・MAP設立

鎌田　さて日本に帰ってきて、NODA・MAPを設立したのが一九九三年。ここまでに、いったい何があったのでしょうか？

野田　帰って来てすぐだよね。で、すぐ『キル』って芝居をした。『キル』はイギリスで書いて、やって、それでそのまま持って帰ってきた。実はイギリスに一年間いたあるときに、「稽古場でワークショップをやるとき、いつも椅子を使うな」と思った。それは、稽古場で、何か道具が欲しいとき、

『キル』（1994年）（撮影＝伊東和則）

椅子しかない。それで何でも椅子で代用するわけ。でも考えてみると日本でもそういうことが多い。ということは、本当の舞台も椅子だけでいいんじゃないかと思ってね。で、帰国後の第一弾の『キル』という芝居は舞台の基本構造はちょっと複雑なんだけど、あとは椅子しか使わなかった。ほかには大きめの布を使っただけ。なんかそういう部分、装置というか使っていくものとしては、劇団をやっていたときと大きく変わったね。その理由はやっぱりロンドンだと思う。その流れに沿ってずっとやっていた。

鎌田　ある意味で、ロンドンで確認したことをそのますぐスタートしたってわけ？

野田　すぐ。

鎌田　何も待たずに、これで行くぞってこと？もうロンドンで見えてたからですか？

野田　いや、見えてはいないけど、まあ……。

劇団の非常に過剰な装飾とか過剰な動きとかを期待していた人にとっては、「ああ、なんか変わっちゃった」というような、そういうこともあったかもしれない。でも思ったより、受け入れられ方はよかった。で、『キル』というのは、いまだに「いい作品だ」ということだと思うけど。

日本の観客とイギリスの観客

鎌田　受け入れられ方っていうのは、観客の質みたいなことですよね。その話は客の立場からしても非常に興味深いんだけど。で、野田さんは日本の客をどう見ましたか？　ロンドンではそれなりのレベルの客がいて、で、日本に帰って来てどうでした？　ギャップがあったのか、それともスッと受け入れてもらえたのか？

野田　どうかな、そんなに驚きはなかったけど。日本の客とイギリスの客は違うっていうのは、もうイギリスで気がついているから。

鎌田　ふーん。

野田　イギリス人はもう、本当に好きなところで好きな反応をする。でも、日本のお客さんって、どっかこうやって周りを見ているところがあって。

鎌田　ははぁ。周りをチラチラッと見てると（笑）。

野田　で、一緒に笑う。一緒に、というのがやっぱり基本だよな。だから「みんなが笑うまでは」なんて我慢しなくていいんだよ、笑っちゃってよ、とかは思うけど。

鎌田　僕ね、二年間いたアメリカから帰ってきたとき、すごく息が詰まったのね。サイエンスの世界って一応インターナショナルだから、日本もアメリカも差がないと思っていた。アメリカはああいう国だから、自分の好みをバーッと出す。だけど、日本に帰ってきたら全然そうじゃなかった。日本人は何でもみんなで一緒にやって、互いにチロチロッと見合うわけ。学校でも研究所でも見えない規範というか横並びがあるのね。それが厳然とあるってことに、二年ぶりに日本へ戻って初めて気づいた。我々の仕事は科学ですよ。日本文化やってるんじゃないんですよ。でも日本人は、科学者でも皆そうなっちゃうのね。それで、成田空港に着いて税関出たときから、もうなんか違う国に来た感じがした、母国なのにね。そういうのってありますか、ロンドンから帰ってきて。

野田　俺ね、フワフワした。すっごく覚えてる。なんか着いてすぐクリーニング屋さんに荷物を持って行ったんだけど、何だろう、なんか月面でも歩いているようなフワフワした感じがするの。何だったんだろうなと思う。

鎌田　そこをぜひ分析してください。

野田　とにかくボーッとして、ずーっとボーッとしていた気がする、しばらく。本当に異国にいるような感じがしたよね。

それとね、ロンドンにいるときの方が、俺は自分の身長が低いって思わなかった。ロンドンってデーッカイのがいるけど、チッチャイのもいるから、あんまりアベレージ（平均）がわからないのよ。日本はやっぱり大きさのアベレージがあるから、「あ、俺はやっぱり低いな」と思った。

鎌田　アベレージがあるのは、すごく納得する。
野田　そうでしょ。
鎌田　そうそう。見えない基準がある。
　そこでもう一つお聞きしたい。フワフワって感覚は自由ってこと？　体が軽くなるの？
野田　いや、違うなあ。なんか、ここで生活するって感じがなかったんだよな。ただ時差だったのかもしれない（笑）。あ、そこに落としちゃダメか。
鎌田　いや、いい。そういうのは野田芝居でいつもの笑うとこだけど（笑）。
野田　うん。でも実際はそうじゃなくて、やっぱり感覚的なものがあった気がするな。

演劇で食べていくということ

鎌田　ちょっと角度を変えて、その生活についてお聞きしたいことがあります。劇団の経営など経済的なことですが、演劇をやっていると大変じゃないですか。まず団員を食わせていくとか日常生活の維持ね、そういうことは常に考えているんですか。
野田　ああ、そうね。
鎌田　野田さんはテレビや映画には乗らずに、劇場で一発勝負でしょ。やっていることが本当に芸術中心というか、演劇ってそう収支計算できないもんですよね。テレビとか映画とか大きな組織に乗ると、それなりに人生設計もできるし、僕らの場合なら、退職金がどうとか計算できると思う。だけど、野田さんが生の芝居中心で生活を成り立たせているって、一体どうしているのかすごく知りたい。これはロンドンへ行く前も含めてお聞きしたい。

野田　今はね、大丈夫。昔?

鎌田　そう、ロンドンへ行く前ね、まず。

野田　昔はね、二〇代のときは変な自信があった。それね、二〇代のミュージシャンの人とかでも大概そうだよ。漫画家の人が言ってたかな。なんか自分はやれるっていう根拠のない自信があるんだよね。で、俺は「いつかなんとかなる」というのがいつもあった。むしろ俺の場合は、周りの人間がどんどんやめてったからね、高校から一緒のやつ。そいつらを引き留める、もう少しやらないかと言う方だった。教駒の同級生の母親が、俺の母親に電話をかけてきて、「うちの息子をやめさせてもらえないか」とかいうこともあったね。「演劇の道は……」って。

鎌田　そうかぁ。で、野田さん自身は親から言われなかった?

野田　それが、母親は俺には言わなかった。「秀樹、やめなさい」とはね。気持ちはずいぶんあったと思うけど。どうなるのかって。でも「あんたはいいけど、〇〇さんだけは……」って。

鎌田　道連れにしちゃダメよ、みたいな（笑）。

野田　そういうのがポツポツ。半分、家を飛び出して三畳の部屋を借りてたんだけど、稽古から帰ってきたら、そこに手紙が一通あって、「野田、申し訳ない。俺はやめる」とか、そういうのをもらったりとか。自分が食えるとか、食うとか考える前に、あいつらがどうか、とかばかりだったね、ある時期まで。
　それが、東大以外のやつらが劇団にバーッと入ってくるようになってから変わった気がする。そいつらは入りたくて入ってきてるから。でもまあ今度はそいつらも食わしていかなければならない。劇団はやっぱりそこは大変だよね。
鎌田　うんうん。
野田　一人おもしろいやつがいて、宝くじに当たったのね。一等じゃないんだけど、一〇〇万ぐらい当たって、「これを使える間は、僕はギャラがいらないですから、入れてください」って来た。それでそいつ「僕は飛べます」って言ったんだけど、全然飛べないんだよ。「飛べねえじゃん」って言ったら、「いや、飛びたいんです」って。ふざけんなってね。そういうやつがいたな。しかも、二回も宝くじに当たってた。そういうおもしろいやつが入って来て、で、どのくらいで食えるようになったのかな。
鎌田　そうそう、その時代です、聞きたいのは。
野田　その間に俺はカレー屋の二階に三畳の部屋を借りてた。そこのカレー屋のおかみさんの子ども二人の家庭教師をするという理由でお金をもらって、実際は、芝居書いたり稽古したりで家庭教師ができないので、隣に下宿しているやつに「ちょっと勉強教えといて」って言って、それでお金だけもらってたの。詐欺だよね。俺、服がないときは、そいつが授業に行ってる間にちょっと借りて、それでどこか出ていったりとか、もう好き放題だったな……。そいつはいま味の素に勤めているけど、頭が上がらない。
そういうことがありながら、林美雄《よしお》さんていう、ＴＢＳの深夜番組のＤＪでバーッと人気が出た人がもうプロデューサーになっていて、俺の芝居をずっと見てくれていてね。きっと生活が大変だろうと、「野田君、毎月八万円あげるから、何を喋ってもいいから三〇分、夜中の三時～三時半まで、録音でもいいからラジオ番組をやらないか」と。それはね、林さん自身は、俺にやってくれというより、やっぱり金銭的にたすけようとして言ってくれた。すごい人でね、佐野元春とか、いろんな人を出している。まだ食えない時期に発掘して。それはそれはありがたくて、それですぐ八万が一二万になった。俺一人で一二万だもんね。結構もう楽をさせてもらった。二〇……いくつぐらいの頃だったかな。俺自身はそうやってちょこちょこ食えるようになった。

鎌田　では、劇団を食わせることに関してはどうでしたか？

野田　劇団員はどうだろうな。『ゼンダ城の虜』をやっているとき（一九八一～八二年）は、まだ……。でも、一番トップにワンステージ五万円払っていたから、結構出した。でも四〇ステージぐらいか、だから二〇〇万ぐらい。野球の交渉みたいに、一人ずつ年末に会ってワンステージ料を見せて、あとどういうことに不満があるかとかいう話をして。わりと健全な座長をやっていましたよ。食わせようとして。俺のやり方として、主役級のやつはもうある程度の仕事があるけど、一番お金をもらわなくちゃいけないのはそこじゃない。主役級じゃないところのやつの生活が結構大変。だから実は、そこに一番あげてた。でもそれはもう黙っていた。そういうこと。主役級のやつはね、ある程度別のところからも仕事が入って来たりしていたので。俺が三〇歳になる前ぐらいのときには、もうみんなある程度の金額をもらっていたと思う。

鎌田　ふーん。すごいですね。

野田　ただ、演劇で食えるとなると、劇団員って、「こういう役をやりたい」とか「こういうものじゃやりたくない」とか、そういう不満が出始めるのね。ちょっとこっち側からすると「ふざけるな」に近くなってきて、それが五、六年続いて、劇団そのものをやめようかなと思い始めた。まあ警告じゃないけど、「本当に俺が劇団を解散したら大変になるよ」というのは、何回か言ったことはあるんだけど。あと、自分の中では、数回の海外公演の後、海外でやってみたいと気持ちがあった。でも、役者にとっては海外公演って、食べるとか名前を売るということではあまり魅力がない。それは理解するし、そういうのも自分との違いがあるなと。だから「やっぱりこのへんがやめどきかな」みたいな時期にやめたと言えるだろうね。

鎌田　なるほど。で、今のＮＯＤＡ・ＭＡＰというのは一つの企業体だから、そういう経営はプロデューサーサイドがしているってわけ？

野田　そうだね。

鎌田　だから野田さんは、役者と劇作家と演出に集中できるんだと。

野田　うん。

鎌田　で、ＮＯＤＡ・ＭＡＰから何が変わりましたか？

野田　小さい公演を打てるようになった。つまり劇団をやっていると、デッカイ芝居をしないとお金が入らないから。例えば三人の芝居なんていうのを打ったら、他の劇団員はその間何もやれないわけだから、常に大きい芝居しか打てなかった。NODA・MAPになってから、自分の好きな、究極は一人芝居をやった。

鎌田　ああ、なるほど。

野田　でも、もう一人芝居は二度とやらなくていいと思ったけど。

鎌田　えーっ⁉　なんでなんで。

野田　全然おもしろくない。劇場に行ってもおもしろくないわけよ、一人だと。舞台上に立ったって一人、デッカイ枕を相手に芝居してたから。相手役がいないと……本当に他人のありがたみがわかりました。

鎌田　あはは、いい話です（笑）。

歌舞伎・中村勘三郎との出会い

鎌田　海外公演のあとワールドツアーでしたね。あと伝統歌舞伎とのコラボレーションなど、聞きたいことは山ほどあるんですが、このへんで野田さんが一番喋りたいことは何ですか？

野田　そう、歌舞伎はやっぱり大きいかな。中村勘三郎（一九五五〜二〇一二）との出会いが大きいけど、構想はいつぐらいからだったのかなあ。「歌舞伎に書くなら、ワークショップっていうのをやらせてくれ」ってあいつに言って、最初、歌舞伎役者と一緒にワークショップをやった。あいつは「何だ、横文字の何だそのワークだか何だか知らないけど……」って文句言ってたんだけど、やってみたら、「おもしろいなあ、このワークショップ」みたいな話になったね。そのときに『研辰《とぎたつ》の討たれ』の古い台本を見せられて、非常に退屈なんだけど、敵討ちの話だっていうのがちょっと引っかかって、そこの部分はおもしろいなと。

どのくらいだろう、二〇〇〇年だと思うけど、あいつと新橋かなんかで飲んでいて、あいつが、「早くやろう」「どこの劇場でやる?」って言うから、「うーん、どこかなあ」と。「歌舞伎座は?」って言うから、「え、歌舞伎座でやっていいの?」と言ったら、「いいよ」と。「じゃあ、歌舞伎座見に行こうよ」って、夜中の一二時過ぎに歌舞伎座に行ったのよ。もちろん何の連絡もしてないし開いてないわけでしょ。だけど警備員さんがいたから、あいつが「ちょっと中見ていい?」って言ったら、「はい、じゃあ」って電気を点けてくれて、奈落のところとか案内してくれた。昔の歌舞伎座だから人力でセリを動かしていく、その構造。演劇の歴史そのもののような……ね。

鎌田　そうそう。伝統がめちゃくちゃ詰まっているよね。

野田　伝統だね。で、そこから上にあがって行って、ほとんど非常灯ぐらいしか点いていないところで歌舞伎座を見て。誰もいないから、普通、花道なんか土足で走っちゃいけないけど、ドーッと二人で走ってみて、「これが花道か」って。で、舞台側に立って「あーっ」と叫んで、「あ、意外に、こっちから見ると近いんだね」みたいな話になって、「これで何千人入るの?」とか。「で、どう?」って言うから、「いや、いいと思うよ」って言ったら、「じゃあ、やる？」って。「うん、いいよ。やるのはやるよ」って言ったら、その翌日よ。勘三郎、もう松竹とか全部に「野田がやるって言ったから、来年の八月……」みたいなことをパーッと言って、全部根回しした後に、俺の事務所に言ってくるから、「いや、そんな、お前、簡単に言うけど、来年は俺は……」って。そのときちょうど『贋作・桜の森の満開の下』の再演の準備をやっていたと思うんだな。「仕事あるし、そんな簡単に書けないよ。ずーっと埋まっているから」って言ったら、「うん。でも、大丈夫だ」って！（笑）「いや、お前は大丈夫かもしれないけど、俺は大丈夫じゃねえんだ」と。

鎌田　えっ、それでどうしたの？

野田　しようがないから、その『桜の森』を新国立劇場でやったときに、稽古が終わって、劇場内に部屋を一つ用意しておいてもらって、そこに一時間とか二時間こもってさ……もう受験勉強だよ（笑）。

鎌田　それ、「作家の缶詰」って言うんじゃない？

野田　そうそう。もう集中して、ちょっとずつ書いてはまた書いてというのをやって。で、最初にどのくらいかな、五分の一か四分の一書いたのを、「歌舞伎ってこんなでいいか」って勘三郎に見せた。もうとにかく……「竹刀《しない》で焦《じ》らして、されるがジェラシー」とか、カタカナまで使っているから大丈夫かって言ったら、あいつが翌日、もうゲラゲラ笑って興奮して電話かけてきて、「すごい、メッチャクチャおもしろいから、この先、書いてよ」って。ただ後から聞くと――それはおもしろかったんだけど、殿様が脳溢血で死んじゃうとかさ、そういうところはおもしろかったんだけど——やっぱりあいつもカタカナだけはドキッとしたと。でもそのとき俺にそれを言うと、俺の筆が止まったりするといけないから、絶対にそういうことは言わなかったらしい。いい奴ですよ。

鎌田　いやぁ、いい話を聞けました(笑)。で、それ、やってみてどうでした?

野田　やっぱり歌舞伎座、『野田版　研辰の討たれ』の初日、これからあいつを舞台に送り出すというときは……想像を絶する緊張状態に。よく吐かなかったと思う。送り出す前、突然二人ともお互い「顔青いね」みたいな感じで、やっぱり急に怖くなっちゃって、歌舞伎座のあの客たちに「竹刀《しない》で焦らして、されるがジェラシー」とかさ、そういうのが通用するかな、みたいなのがパーッとよぎって。あいつはあいつで、もうゲラゲラ笑いながら稽古してつくってきたのに、「大丈夫かなあ」とか。で、再び吐きたいような気持ちになっていたときに、芝居が始まって……。

オープニングに盆を回して、その上でこう、橋の上でずーっと人がチャンバラすると、ここにスクリーンを下ろしておく、こっち側から明かりをすると、回り灯籠でバーッと戦っている人が動き続ける、そういうオープニングなの。歌舞伎座でそんなことしたことがないから、つまり客席の向こうね。これがバーッと始まったら、お客がダーッと拍手してくれて、その瞬間に「あ、大丈夫だ」という感じがした。それで勘三郎が出てきて何か喋ったら、もうドッカンドッカン受ける。もちろん「ジェラシー」も全部受けたから、これはもう大丈夫だと思った。しかも終わったら、歌舞伎座始まって以来のスタンディングオベーション。歌舞伎でカーテンコールなんてやらないから、幕を開けたら、あいつが一人立ってきょろきょろしてて（笑）。何の用意もしてない。挨拶とかもしたことないから、みんなに「ちょっと来てくれ」みたいな。で、三津五郎なんかも、花道の向こう側にいたところから花道をわざわざ戻ってきて。

鎌田　ははは、前代未聞ですね（笑）。

野田　前代未聞だよ。それはもう本当に……あれが本当のカーテンコールだよなと思った。

鎌田　そうだ、カーテンコールの原型だ（笑）。

『怪盗乱魔』の奇跡

野田　演劇にはときどきそういう奇跡が起きる。二〇代はじめの『怪盗乱魔』っていうのも、実はそういうことが起きたんだよね。たぶん『怪盗乱魔』をやった後に、「あ、俺は芝居をやっていけるな」という気がしたのね。駒場小劇場でやってたんだけど、千秋楽にもう信じられない数のお客さんが詰めかけちゃった。定員の二倍とか三倍とか、もっとかな、要するに中にいる人より外にいる人が多いぐらいになっちゃった。それでもあの頃って「全部入れてあげよう」とか思うから、劇場の窓を全部開放して、のぞき見みたいな状態にしてね。で、開演が三〇分ぐらい遅れた。そのオープニングが、劇場の外の遠くから自転車に乗って、女学生と先生がやって来るというシーンで、そいつら劇場の外で待機しているんだけど、三〇分間何の連絡もない。だってこっちもみんな大変だからさ。で、「どうしたんだろう。何が起きたんだろう。何だろう」というので、結局三〇分間待ち続けてたという……。それもやっぱり結構、自分の中では奇跡的な事件だった。

鎌田　それ、すごくわかります。実は僕もね、地球科学入門の最初の授業で、学生が教室に入りきらなくて、みんな教室のそばに詰めているわけ。入り口も廊下も人だかりなんで、僕「ちょっと入れてください」って言ったの。そしたら「いや、私もこの授業を受けるんです」って女子学生が入れてくれない。で、頭下げて「すみません。今から講義するので入れてくれませんか」みたいな（笑）。でもすごく嬉しいですよね。で、教壇に立って「次回から大きい教室に変えるけど、今日は我慢して聴いてね」って。実はそのときの授業が一番よかった（笑）。だから野田さんの話、すごくよくわかる。

野田　そうそう、テンション上がるしね。だから、そういうことだよね。予期せぬ偶然ですよね。

思い出の舞台ベスト5

鎌田　勘三郎さんの野田歌舞伎が出ましたけど、これってやっぱり自分の中でエポック・メイキングなことと捉えているんですか？

野田　そうだね。歌舞伎もそうだし、あとエポック・メイキングといえば『THE BEE』のロンドン公演。自分がNODA・MAPの仕事と別にこの表現形態は続けたいと思ったのは、やっぱり歌舞伎と、それからイギリス人との芝居ですね。そんなに欲張れないから、そのくらいでいいかな。

鎌田　でも、まだこれから色々と出るかも。

野田　うーん、オペラも、この前『フィガロの結婚』をやっておもしろかったけど、やっぱりあんまり欲張ってもな、というのがあるかな。

鎌田　そうか、ある種の「最適値」があるんですね。そこでね、日本と海外の最適値についてお尋ねしたい。野田さんが海外へ行って英語で演劇やって云々というのは、たくさんの人が評価しているけど、僕としては「なんで東京で演劇やるの」って根本から聞いてみたい。ちなみに、今回の対談はミネルヴァ書房から出るんですが、京都の出版社なんですね。日本の出版社の九割は東京に集中しているけど、今回は京都発信なんです。つまり、どこから知的生産を発信するかという点で、野田さんは東京を拠点とし、僕は京都から発信する。実は、僕は京大に着任して今年で二〇年になるけど、よっぽどのことがない限り、東京へは帰らないつもり。いつも学生に言っているんですが、東京は「勝つ都市」で京都は「深める都市」と思ってるのね。京都には一二〇〇年の歴史があって、古き良きものや静けさは、東京にいたら経験できないのね。谷崎潤一郎（一八八六～一九六五）の『陰翳礼讃《いんえいらいさん》』の世界を知ったら、京都から離れられなくなっちゃったわけ。

野田　うんうん。でも俺が東京っていうのは、別になんていうこともないんだよ。実際の生活エリアはすごく狭いしね。でも京都はやっぱり行ってるし、『贋作・桜の森の満開の下』の初演は南座でもやっているから。あの当時、劇団が南座でやらせてもらえたんだから、あれは最高の……。俺、たぶん五つぐらい忘れられない演劇シーンってあって。

鎌田　それ、しっかり語ってください。今回の目玉です（笑）。

『贋作・桜の森の満開の下』（1989年）

野田　まあ『キル』はそうかな、やっぱり。あと高校のとき、初めて高校二年生でやった芝居。

鎌田　やっぱり教駒の……。

野田　『アイと死をみつめて』。やっぱり自分に「あ、こういう能力があるんだ」ということを、自分で知った瞬間だったからね。

鎌田　第**1**講で話していただきましたが、初めて書いた台本で、自分ですべてつくっちゃって。野田さんは教駒の演劇部長だったんだっけ？

野田　俺、責任職するの本当に嫌いで、部長をやらずに書いてた。

鎌田　それで、書いて書いて、自分でも演じて。

野田　そうそう。

鎌田　なるほど、それが「忘れられない演劇シーン」の五本指の一つね。

野田　そうね。それとさっきの『贋作・桜の森の満開の下』ね。『桜の森』の南座の千秋楽で、お客さんが全然帰らなくて、カーテンコールがずーっと続いて、楽屋でメイク落としてもまだ帰らない。しょうがないから後ろのドアを全部四条河原に向けて開けて、それでもう一回だけ花道まで出て「お帰りください」って。すごかったの。

鎌田　ええーっ、すごい。

野田　すごかったですよ。

鎌田　で、もう一回やりたい？

野田　その南座で？

鎌田　うん、うん。

野田　いやそれは、夢は追うものでしょ。それはそれで別のところでやればいい。

鎌田　ああ、そうか。それ、野田さんが言うとすごくかっこいいね。でもそれはまた別問題ね、はい。

野田　『キル』はロンドンから帰って来て、劇団じゃなくやって。『キル』はやっぱりすごかったかな。それであと……五つ以上になっちゃうな。

鎌田　いいよ、いいよ、いくつでも。

野田　さっきの『怪盗乱魔』。

鎌田　うん。そうだよね。

野田　そう、その千秋楽は忘れられない。あ、『パンドラの鐘』なんかも結構エポック・メイキングか。あとやっぱり『野田版　研辰の討たれ』だね。

鎌田　うんうん、勘三郎さんとの。
野田　それと、あとは『THE BEE』のロンドン公演かね。
鎌田　そう、海外でもね。これが「初めてスタンディングオベーションってこんなものかと思った」って野田さん自身が書いてた公演ですね？
野田　歌舞伎座？
鎌田　いや、ロンドン。海外のスタンディングオベーションは違う、ってムック（『野田秀樹』河出書房新社、二〇一二年）に書いてたけど。
野田　ああ、ロンドン。まあ、ちょっと違うね。でも『BEE』は、その評判のよかったのよりもむしろ、初日の始まる前に小さな劇場の袖にいて、『BEE』はスーツ姿で輪ゴムをいっぱいつなげたゴムをくっつけて警官として出るという始まりなんだけど、その自分の姿を思いながら、こんなことをしているけど、これで今回評判が悪かったら、ロンドンはもう終わりだなあ、とか思いながら「一か八かだ」みたいな気持ちで出ていったのを、すごく覚えている。
鎌田　そうかぁ。細かいこと尋ねて良かったです。

事件性・偶然性

鎌田　では、少し時間を進めて聞きましょう。最近ではどうですか？
野田　最近はどうだろうな。

鎌田　近作では「忘れられないシーン」ない？
野田　うーん、『ＢＥＥ』以降、何やったんだっけ。
鎌田　ここ東京芸術劇場で始めてから、とか。
野田　なんかどれもちゃんとよくできているけど、そういう事件が起きたようなものはないような気がするな。
鎌田　ああ、事件性ですか。それって、芸術監督としてはどうなんですか？　芝居で事件が起きるのを期待するって、変な質問かな。
野田　まあ、変な答え方だけど、十分いいものはやっている。ただそういう偶発的に何か……ということは起きていないような気がするな。
鎌田　そうそう、「偶発的」なこと。まさに核心に近づいてきました。そもそも偶発的なことが起きること、人生で期待していないですか？
野田　いや、起きればいいなとは、もちろん思っているけど、そんな、自分が期待しているところでは起きないじゃん、絶対。
鎌田　確かにそうですね。
野田　だから例えば歌舞伎座で、スタンディングオベーションが起きるなんて期待していない。『怪盗乱魔』をやったときも、まだお客がそんなに来るなんて思っていなかった。だからそういうことが起きる。今はある意味、傲慢になっているんじゃない。お客さんは来ると思っているし、スタンディングオベーションが起きても「まあ、そうかなあ」みたいなことだよね、きっと。ただやっぱり期待してはいけないことだよね、それは、俺たちの仕事で。

鎌田　うーん、「期待してはいけない」んですか。でも、どこかで人は無意識に期待してしまうのでは……。つまり、ロンドンでも成功し、ビジョンも持っているし、その後も順風満帆だと、「スタンディングオベーションが起きて当たり前」になっちゃわない？

野田　そこはね、ちょっと違うかも。そういうふうには思わないように、ずいぶんなったかな。それはやっぱりね、二〇〇三年に『赤鬼』という芝居をロンドンへ持って行って失敗してるの。そのときにまず「ロンドンはただ者ではない」と思ったのと同時に、やっぱりお芝居ってただ者ではなくて、そんなに自分が思うシナリオのようにはいかないし、それなりのことをちゃんとして、例えば今回でも、ときどき自信を失いそうになったときっていうのは、舞台上に出るときに「ああ、でも俺はこれだけの時間を費やして、これだけのことをやっている。そしてそれをやっている人間は他にはいない」と、自分に言い聞かせて出ていく。そういうことが大事なのであって、ちょっときれいごとかもしれないけど、これがロンドンへ行って成功して……みたいなことは、絶対にそこを目指してはいけないというか。演劇というのは必ずしもそこだけじゃないし、批評家の批評を受けるとか、賞をもらうとか、そういうためにやっているものではないんだよな。

鎌田　いやぁ、深い話になってきました。掘り下げて聞いていきましょう。

賞の影響

鎌田　イギリスで賞をもらったり、その後は紫綬褒章などもらってますよね。実際、受賞すると何か変わりましたか？

野田　略歴を書くときに、ときどき、「あ、ここでかましとくと、こいつらにはいいな」と思うときだけ使う。紫綬褒章とＯＢＥ（大英帝国勲章）と朝日賞、この三つは、結構効くなというときだけこのカードを切る。

鎌田　なるほど！　それは大事な使い方ですね。まさにカードの切り札ね。

野田　そうそう。

鎌田　で、賞をもらった感想は？　びっくりしたとか、当然でしょとか、そのあたり。もらうと思っていてそのとおりになった？

野田　それはね、もうびっくりしたよ。ＯＢＥのときは特にびっくりした。大使から突然電話が入るからって言われて、そのときは一所懸命に英語を探した。こういうものをもらうときにはどういう英語が、って。

鎌田　頭の中で英文検索した？

野田　いや、とっさだからさ、前もってできないから。だから「ん？　なんだ？」「ＧＥＴでいいのか」とか（笑）。

鎌田　ははぁ、英語の得意な野田さんでも焦ったんだ（笑）。で、真面目な話、もらってからロンドンでの仕事が変わりましたか？

野田　いや、変わらない。変わらないと思うよ。あんまり出していないしね。ただイギリスの相手とかと喋ってると、ときどき「そうそう、秀樹はもらってるんだな、ＯＢＥ」みたいな、そういう話。

鎌田　へえ。そういうこと言われても全然左右されないんですね。

野田　うん、それは極力。鎌田さんもあまり左右されないでしょ？

鎌田　いや、僕は左右されるかも（笑）。でも、そもそも大してもらってないんです。いや、これは結構重要なことだから、ちゃんと説明しましょうね。作家も学者も同じだと思うんですが、賞をもらうときには、必ず反対側に賞をくれる人がいる。そして、誰に賞をやるかを決めるのは、賞をくれる側にいる同業者のプロじゃないですか。例えば、学者の世界では学士院賞とか文化勲章とかがある。そしてこうした賞は、同業の学者が評価できるような仕事をすると、ちゃんともらえるわけですね。だから、もし賞をもらおうと思ったら、自分の前を走っている先輩たちが理解できる業績をあげなければならない。ここに問題点がある。

僕なんか、ある時点から、一般市民に向けて地震や噴火の危険性を発信するようになって、同業者の評価から外れてしまった。学者じゃなく一般の人たちに「南海トラフ巨大地震で三二万人も死なないために」みたいにやると、論文業績にならない。で、僕自身が誰に向けて仕事してるかというとき、専門家の同僚が目に入らなくなっちゃったんです。

だけど野田さんの場合は、朝日賞もＯＢＥも紫綬褒章も、ちゃんとプロにも評価されているのね。

本人が意識していなくても。これは凄いことだと思う。つまり、市井の人に全力で芝居を見せていながら、プロも絶賛している。そこで、もう一つお尋ねしたいと思います。プロが評価することと公演の動員数は、比例しないんじゃないかと思うんですが、どうですか。賞をもらうと観客が増えたり戯曲が売れるとか、あります？

野田　いや、そういうのはないよ。

鎌田　すると、レベルの高い芝居をやって、テレビに滅多に出なくても、今のままでよいのだと。演劇のプロが評価することをやりたい、というのはいかがですか？

野田　うーん。でも演劇のプロってどうなんだろうね、どれだけいるのかというか……。

鎌田　それは、シェイクスピア以来の伝統を引き継いた演劇とか、そういう意味の本家本流の芝居ですが……。

野田　ああうん。例えば俺がイギリスにこだわっているのは、そういう意味では演劇のプロがゴロゴロいるから。

鎌田　そうですよね。

野田　あるよね、やっぱり。イギリスだけじゃなくてヨーロッパとかは、見る目の厳しい人が多いから、そこでちゃんとやりたいというのはあるな。

鎌田　なるほど。だからこそ、日本で有名になったり高い評判を得るより、海外に出てエネルギーを投入したいと？

野田　必ずしもそうでもないんだけど、ときどきそういうところへ行かないといけないと思う。歌舞伎をやるのもそうだけど、自分がそこの人間ではない。だから帰るべきところはやはり現代の日本で、日本語を使うわけだから、そこでどれだけのことができるかが、きっと一番大きいんだと思うよ。そこをちゃんとするために、いろいろ見に行ったり修業の旅に出ているんだと思うな。

選考者として

鎌田　もう一つお聞きしたいのは、他人からの評価はそもそも必要だろうか、という根本的課題です。

野田　やっぱりそれは必要なんだろうね。誉められる、ということが必要なんじゃないかな。やっぱり自分も誉められたいし、誉めなくちゃいけないなと思うようになったのは、樹木希林さんと仕事をしたとき。ものすごく前だね。三〇年ぐらい前だったかな。希林さんてすでに名優で、だからもう別に誉めなくても問題ないんだろうと思ってたんだけど、俺が何かのときにひょっと誉めたらすごく喜んで、それで誉められて何とかかって言ったから、「え、希林さんでもやっぱり誉められたい？」って聞いたら、「当たり前じゃない」って。これほどの名優でもやっぱりって思ったことを覚えてる。でも、そういうものだよな、誉められたくてやってるんだよなと思って、それからは適切に誉めます（笑）。

鎌田　かつて瀬戸内寂聴さんが、「なかなか賞が取れない」と嘆いていたことがあります。あれだけ話題作を出して有名になっても「まだ私はこの賞がもらえない」とか言ってた。ああ、これが彼女の創作エネルギーの源かと思って、いたく感動したことがあったけど。

野田　朝日賞を取った。

鎌田　そうそう。野田さん、朝日賞の選考委員されているんですよね。評価される側から評価する側へ、そのあたりもくわしく聞きたいんですが。

野田　朝日賞の選考委員をやっていてきわめて刺激的なのは、自然科学のトップの人の理論なり、まとまった話を読めること。例えば、クラゲでノーベル賞を取った蛍光物質の研究。今度はその第二世代の人が候補に挙がって、その人がやったこととかが出るわけ。それはどこに役立っているのかとか、この科学は役立つためのものではない——例えばトポロジーなんかそう——けれど、理論の重要さを挙げたとか。そういう話を読み続けるのは、ひたすら楽しい。だから朝日賞では人文科学の方はあまり興味ないんだ、実は。でも瀬戸内さんとかはね、ムキになって「いい、瀬戸内さんでいいんじゃない」みたいな話になる。この人に！　と思った時はね。ひたすら推す。評価するということ、評価する側の立場にいるということは、将来に、未来に責任があると思う。で、朝日賞って意外に、そこからノーベル賞の候補に挙がるような人たちが取る賞でしょ。

鎌田　そうです。なかなかいい選考をしている。

野田　そうそう。それでそこに関しての選考理由もいっぱい書いてあって、この発明はノーベル賞の候補になるくらいのものだとか、これでは何ともならないとか。あるいは学会のこの人が取るなら、なぜこの人が取らないんだという名前が出てたりする。で、今度はそのなぜこの人が取らないんだという人が「私もほしいけれども、彼が取っても私には不満はない」という推薦とかがあったり。その人間関係とかまで読み込まなければいけない。そこが作家としておもしろい。おもしろいと言っちゃいけないんだろうけど、劇作家の性《さが》で、やはりおもしろい。

鎌田　なるほど、そういうのネタにならないんですか。爽やかな社会貢献とドロドロした人間ドラマがごちゃ混ぜになった戯曲とか。

野田　どうだろうね。ただ俺、朝日賞というのはやっぱり、産みの苦しみ、つまり何もないところから苦しんだ人がもらうべきものだと思ってる。瀬戸内さんはやっぱり何もないところからつくる人で、評価に値すると思う。そういう考えは、結構選考会で他の方々にも、いつも理解してもらっている。

鎌田　今すごく本質的な発言が出ましたよね。まさにそこが野田芝居のエッセンスじゃないかな。産みの苦しみってゼロから始めることでしょ。しかも誰もやっていないオリジナリティがそこから出る。非常にクリエイティブな仕事ね。

で、僕はね、オリジナリティとクリエイティビティという言葉をここで分けるんです。オリジナリティは本当に誰もがやっていないことで、アルベルト・アインシュタインが相対性理論を発見したというレベル。それに対してクリエイティビティというのは、皆がある程度見つけたことをうまく組み合わせて、世間をあっと言わせること。細かく見ると、誰かが既にお膳立てしてるんだけど、それを全部合わせてすごいことやるのがクリエイティビティ。合わせ一本技だから厳密な意味でオリジナルじゃないんだけど、その時代にその人にしかできなかった。そこに大きな価値がある。

それでね、野田さんがそもそも目指しているのはオリジナリティなんだよね。だから選考委員になっても、評価しようとしているのは「産みの苦しみ」というわけ。一方で、僕が大学で学生たちに教えているのは、「どうやってクリエイティビティを発揮するか」。というのは、オリジナリティは、限られた天才だけにしか持てないもので、若者にまず目指して欲しいのはクリエイティビティ。「天才でなくてもクリエイティブにはなれる！」ってハッパかけるのね。するとワーッと京大生のモチベーションを上げられるわけ。で、翻《ひるが》えって、野田さんはやっぱり最初から最後までオリジナリティ指向なんだよね、朝日賞の選考でもさ。それが再認識できて僕はすごい嬉しかった。

野田　同級生からそんなに大仰に持ち上げられて、ありがたいです。でも、まあ「何もないところから」っていうのは確かに、用意されているものとは違うよね。

鎌田　そうそう、「何もないところから」そして「産みの苦しみ」っていうのはすごく重要なキーワードだと思います。

受け皿を広げる

鎌田　で、今回引き受けた東京芸術劇場芸術監督としての「産みの苦しみ」は、どこにあるんですか？

野田　芸術劇場に関しては、「何もない」というところではないからね。なんか正しく機能していなかった劇場を整える感じ……。つまり海外では、公立の劇場が自主企画をしていないというのはあり得ないから。でもほら、ここは貸し小屋だったのね。で、貸し小屋の精神として、誰にでも貸さなきゃと、つまり抽選に近い感じだよな。

鎌田　ははぁ、町の公民館と一緒か。

野田　そうそう。そういう場所はもちろんあっていいと思うけど、でも東京都のトップの劇場が、自分で選んでこういうものを企画していくことができないのはおかしいと。でも、それを最初に説明するのに結構時間がかかったよね。やっぱりお役人が多いから、「断った人に何と説明すればいいんですか」とか言うわけよ。それだったら、俺が芸術監督をやる意味がないんじゃないのって。つまりもしそのことをどうしても言いたいんだったら、「芸術監督が決めた」でいいじゃないか、責任は俺が取るよと。それでいいんだと思う。ただ、お役人は責任を取りたくないわけ、誰かに言われたときに。

鎌田　それってまさしくお役人気質だよね。

野田　そうそう。だから今はそのことに疑問なんか持っている人は一人もいない。この中のお役人でも。「あ、こうやって機能するんだ」っていうこと。だけどみんな怖がるよね、そんな当たり前のことを。

最初ここの劇場の会議に出たとき、「東京芸術劇場中ホールに、劇団○○○様からのご依頼で○○作、○○演出の○○を○月○日から○月○日まで。テーマは○○○で……」って。もう、うるさいと思うわけ。それもちゃんと書いてるの、紙に。だからサッと読むでしょ。俺、こんなことのために何時間も使うのか、と。しかも○○「様」って言うなって。

鎌田　うん、すごくわかる。

野田　もうパッパパッパ行けよ、わかるだろ、それでパッと見て「これダメだな」とか、「何これ、いらないよ」とか、そういう話を直接喋るんだろ、と。んで、一回目は初めて出たから我慢して、やっぱり二回目の最後に、「ちょっとこういう会議しても、もう実がないんじゃないか。時間も無駄だと思うので、こういうのは読む必要ない。パッと見たらわかるから、そういう会議に変えませんか」と言って、そこから少しずつ変わった。

鎌田　そうやって野田さんは一つひとつつくっていったんだ。で、応募してくる人の中に「産みの苦しみ」で頑張ってるやつって、出てきつつあるんだろうと思うけどね。それはこっちにはわからない。なるべくこう、広げておけばいいんでしょう。

野田　出てきていますか？

鎌田　なるほど、受け皿を広げておけば、みんなが自然にたどり着いてくるっていうわけ？

野田　うん。そういうものじゃない？

鎌田　こっちで教育してやろうとか、仕掛けようとはしないの？

野田　うーん。ただ俺の趣味はちょっと出てて、例えば「2・5次元」って芝居、わかるかな。何だっけ、漫画が原作になっているような。映像と一緒に芝居をやるの。そういうのは、ここの劇場ではやらなくていいんじゃないかと思っているわけ。それはたぶんお客さんも入りやすいし、どこかよその劇場でやってもらったらいいかなという気がしてて。それは企画委員の人たちもみんな同意見ということで、スッと通った。それが劇場の趣味だもんね。そういうものを見せていった方がいいように思う。ただ、若い人がなるべくやれるような企画というのはいくつも持っていて、そこに税金が投入されるわけだからね、税金に厳しい俺としては……。

鎌田　ははは、税金の苦労は染みついてるからね（笑）。例えば「夢の遊眠社」みたいなのが今の東大にあったら、芸術監督として「ちょっとやってみろ」って声かけたい？

野田　俺が声をかけるかどうかはわからないけど、「こういうおもしろいのがありますよ」っていうのを言ってくれる人たちがいるのでね。まあ遊眠社クラスがあったら、やっぱりやるんじゃない。

鎌田　そうですか！　ちなみに、あのころ野田さんが東大に通ってたのは、東大の学生証があれば駒場の教室を借りられるからだって話だったじゃない（笑）。

野田　うん。

鎌田　それが今だったら、おまえら東京芸術劇場でもできるんだぜ、ってなるわけ？

野田　まあ、今はできるよね、もう。昔は外の劇場っていうのはなかったからね。でも駒場小劇場については、実は考えて、自分は大学やめても、東大生を仲間に入れればいいんだって気がついて、毎年、新入生を一人だまして入れてた（笑）。で、制作をやらせて、そいつに劇場を借りさせて、それからも何年かはやってたね。で、何年かやった後に、金城さんて学生課の人が「野田君、もうダメだよ」って。それまではその人が目をつぶってくれていたわけ。だけど「世間にこれだけ出てて、あそこはもうプロだろうっていうんで、それを大学の中ではもうやれないから」という時期は来たね。まあ、金城さんの話も、しだすと切りがないんだよね。

鎌田　なるほど、いい話ですよね。とっても気になりますが、それはまた別の機会に聞きましょう。

第Ⅱ部　演劇の世界

『キル』製作中

第3講　クリエイティブの源泉

時代を先取る感性

鎌田　第Ⅱ部では野田さんの仕事の本質に迫っていこうということで、いよいよ「演劇の世界」に足を踏み入れます。そして、第3講として、「クリエイティブの源泉」、つまり創造性についてお聞きします。第Ⅰ部の最後で「オリジナリティ」と「クリエイティビティ」の対比も少し出ましたが、ここでは野田さんが芝居をつくる上での創造力に迫ります。そもそもアイディアはどこから生まれるか、それをどのように作品にしているのか、みたいな現場の話です。次に、演劇における「偶然」についてお話しいただき、ライブの本質を語っていただきます。最後に、「人」という大きなテーマへ行こうかと。つまり、演劇は一人でやるものでは決してなく、大勢で組み上げるものです。確かに戯曲は一人で書くでしょうが、完成後は人とのコミュニケーションが必須ですね。しかも最後は舞台で観客を感動させなければいけない。というわけで、「人」というのがテーマになると思うのです。

野田　そこまで考えていただいて、いたみいります（笑）。

鎌田　とりあえずその三つを大きな柱として、第Ⅱ部へ入っていきましょう。

それで、今日の対談前に観劇させていただいたのが『One Green Bottle』という英語劇なんですが。これは日本語公演『表に出ろいっ！』の英語版で、少し直してあるとのことです。『表に出ろいっ！』は初演が二〇一〇年で今から七年前。僕が当時それをなぜ見たかというと……。

野田　ああ、火山観測所の。

鎌田　そうそう。野田さんが『南へ』の脚本を作る直前で、突然メールが入ってきた。何でも火山噴火、火山観測所とかの話を書くということで……。

野田　三部作で、『ザ・キャラクター』『表に出ろいっ！』『南へ』と。

鎌田　そうです。で、野田さんが「火山のことを知りたい」というので、「レクチャーしてくれる？」「ああ、いいですよ」と。それでちょうど『表に出ろいっ！』を上演している最中だから、まずそれを見てね、と。で、見た後にホテルで

『南へ』(2011年)(撮影＝篠山紀信)

二時間ぐらい、火山のレクチャーをさせていただきました。

なぜこの話から入ったかというと、僕が野田さんの演劇の本質に気づいたきっかけだからです。大げさになるけど、「畏敬《いけい》の念」を持っちゃったんですね。つまり、野田さんの演劇って、時代を先取りしているんですよ。自分が書いたことが、そのあと世の中で本当に起こっちゃう。その最大の事件は、『南へ』とも関連する東日本大震災なんですね。日本全体を揺るがした巨大地震ですが、これが起きる半年前の二〇一〇年九月に『南へ』をなぜか書いていた。

野田　これは結構ショックだったね。

鎌田　で、災害は二〇一一年三月一一日の午後二時四六分に発生。

野田　公演中だった。

鎌田　そう、公演中でしたよね。だから後で三・一一と呼ばれた。それで一回中断して、三月一五日に「やっぱり上演する」と再開しました。当時の新聞の切り抜きを見たら、東京の街中が電力制限で暗くなっていて、「劇場の灯が消えるときは、心の灯が消えるとき」と野田さんは語っている。それで「一日も早く戻す。それが私たちの仕事だ」とも。まさに野田演劇の本質はここにあると、僕は直感的に思った。

でも逆に考えると、この『南へ』をつくっているときに、六カ月後の三・一一を予測していたんじゃないか、ということに僕は気がついた。というか、こうした天変地異を野田さんの無意識は何かイメージしていたんですよね。まず戯曲の発案から始まって、後で現実にどうして起きちゃうのかが、

贋作・罪と罰（1995年）（撮影＝青木司）

僕にはすごく不思議だったんです。こうした未来の先取りは、野田芝居では『南へ』だけじゃないですよね。それ、ご自身でどうですか。

野田　確かにそういうのはある。古いところでいくと『贋作・桜の森の満開の下』。まあただ、昭和天皇が亡くなることについては、たぶん、Xデーがくるという感じはそれなりにあったんだろうけど。『桜の森』をつくったのが一九八九年で、書いている途中で亡くなっている。実は俺、芝居のセリフに「崩御」という言葉を使っていた。「天智天皇が崩御なさる」と。でも当時「崩御」という言葉は世間の人がもう全く知らない言葉だったから、「崩御」と言った後に、「崩御？」「あ、おっちんじゃうことです」みたいな余計なセリフを入れていたんだけど、突然昭和天皇が崩御されたので、もう日本中の人間がその言葉を知るようになった。そこなんかも、自分がつくっている間に亡くなったな、と記憶に残っている。これが始まりにまずあった。

鎌田　なるほど。

野田　次は一九九五年の『贋作・罪と罰』というのをつくっているとき。つまり「理想のために人を殺していいか」という究極の……要するにドストエフスキーの『罪と罰』のラスコーリニコフという、そういう気持ちでやっていたからね。ある理念のために、という。それをやっていたときに、オウムの事件が突然起きた。

鎌田　そうです。一九九五年の三月ですね。その年は大変な年で、一月に阪神・淡路大震災が起きたあと三月にオウム事件。

野田　そう三月。あれも初日が開く一週間ぐらい前で、突然作品が、オウムの人間を擁護しているようなものに見えてきちゃった。しかも運の悪いことに、全員に白い衣装を着せてたの。だからオウムの人間の心理の葛藤みたいな乗りで、逆の意味であのときはお客さんが引いちゃったというか、そういうのがあった。

その次は二〇〇三年の『オイル』かな。

鎌田　うんうん。

野田　『オイル』の年に、イラク戦争が起きた。それはまさに二〇〇一年アメリカ同時多発テロ事件の復讐をするためみたいなことで、石油もからんで、『オイル』は島根県に石油が出て……って話。あれも突然だった。だからどうなのかな。あまり意図的にそう動い

『オイル』（2003年）（撮影＝青木司）

ているのではないんだけどさ。

鎌田　突然、テーマがふっと思い浮かぶんですか？　ある情景とかプロットとかも一緒に。

野田　そうだね。

鎌田　それはいつものこと、たまたまのこと？

野田　たまたまだったな。

鎌田　例えば、現実の事件がプロットの後追いをしたとき、自分で気づいたらすごく驚くんですか？　それとも、「やっぱりね」とか思うの？

野田　うーん。

鎌田　「はじめから俺は考えてたよ、感じてたよ」とか、そういうことはあるわけ？

野田　感じてたっていうのがちょっと近いかな。なんかドキドキして、こう……。例えば今日の芝居のように、スマートフォンの中にカルトが始まるっていうことは十分起こり得ることで、そこが今回一番変わったところかも。七年前の初演との違いは、圧倒的にそこが大きいと思う。

鎌田　確かに！　最近起きた事件なんかも、そういう電子ツールと無関係じゃないしね。

野田　初演の『表に出ろいっ！』を見た人と、今回見た人では、やっぱりそこの違いがある。七年で「ああ、こうやって時間が進んだんだ」ということは、作品が変わったことで感じてもらう、みたいなね。

何だろうな、世の中から逃げるようにしてこの仕事を始めたのに、結果としては世の中を見る仕事になっているってことだよね。学生で始めたときっていうのは、「俺はもうそういうところから切れるんだ」という思いでいたから。だからそういうのは不思議なことだね。

鎌田　そうそう。世間から逃げれば逃げるほどその本質をえぐり出していた、というパラドックスが野田さんにはある。

予見性の実感

鎌田　野田秀樹という人物については、みんなが「身体性」を語ってきた。一方で、華麗な言葉遊びとかスラップスティックとか、そういうイメージが強かった。でも僕は、『南へ』に関わった体験から、野田演劇がすごく深いところで「予見性」を出してきたことに驚愕した。まさか未来予測とか、そういう言葉が出てくる人物ではないと思っていたんだけど、東日本大震災が起きちゃった。これは日本列島で千年ぶりの超巨大地震で、僕の地球科学でもまったくと言っていいほど想定外だったものです。で、こうした予見性は、実際何十年もの演劇歴で自分でも実感しているんですか。

野田　そうだろうね。たぶん最初は、底深いものとか、そういうものを避けて書いていた。

鎌田　ですよね。夢の遊眠社時代は、そういうことを避けるのが新しい演劇、みたいに僕らは見ていた。巷にはノストラダムスの大予言とか、何かわざとらしいのが色々あったからね。

野田　うん。だから要するに記号であったし、記号の方が最後は残るというか、いつの時代も記号であればそこがアナロジーになって、ちゃんと何かを感じてもらえるのではないかということを、どこかで信じてやっていたような気がする。だから特定のテーマ、例えば「原爆」なんていうのは、自分が取り扱う問題では絶対にないと思っていた。それがやっぱり……。原爆は一九九九年の『パンドラの鐘』という作品で初めて書いたんだけど。

鎌田　そういえば見ました。原爆が炸裂して空からフワッと落ちてくるシーンは何でしたっけ？

野田　ああ、『ＭＩＷＡ』。

鎌田　そう、『ＭＩＷＡ』もそうでしたよね。

野田　そうだね。『ＭＩＷＡ』はまあ、美輪明宏さんの話なので、本人が被爆者なのでどうしても、必然的に原爆の話が出ると。ただそこに至るにはきっと、劇団の後半期に、『半神』を萩《はぎ》尾《お》望《も》都《と》さんを原作にしてやったのと、『贋作・桜の森の満開の下』を坂口安吾を下敷きにしてやったことが、自分の中では大きかったかもしれない。他人のものにはやっぱりモチーフがあり、テーマがある。そこを無視してはいけない、という思いでつくった。そこを隠すのではなくて、そこを自分が掘り下げて考えなくてはいけないことで、例えば『桜の森』だったら天皇制というものを、一番最初にできたところにもっていってみようと。昔の日本には二重王制があった。つまり出雲的な権威と、奈良・京都側の方の権力的な王権の二つがあったと仮定してみよう、とね。その出雲を飛騨にもっていったの。そういうことを考えて、かなり意識的にテーマ的なものにくっつけたのね、その頃は。そんなときに、ちょうど昭和天皇が亡くなったので、だから余計に自分の中で、そういう作業をしたことがおもしろくなった。『半神』もそう。それは、「孤独」をモチーフにしました。やはり、テーマというものをずっと遠ざけていたけど、自分の中からもっと語ってもいいなと思ったのが、そのくらいなんじゃないかな。

鎌田　もっと語ろうと思ったのは、年で言うと何歳ぐらいですか。

野田　三〇超えてからだね、三三、三四歳。一九八九年で三四歳。

鎌田　その頃から、そういう意識というか、感覚はあったんですね。

野田　うん。『透明人間の蒸気《ゆげ》』なんかも多分に実は……だいぶん隠してはいるけど、あれも戦後からすごく遠ざかって、「お国のため」ということを信じて死んだ兵隊たちがいつまでも――まあ、生きているわけないいんだけど――そういう作業をしているという設定でつくった。その頃からそういうものがあったのは確かだね。

鎌田　なるほど。ずいぶん前から始まっていたんですね。

野田流戦後日本史

鎌田　そういう意味では、「戦後の総括」みたいな部分が野田芝居にもありませんか？　今の若い二〇代は、もうほとんど戦後のことを知らないけど、彼らに伝えなきゃいけないという。僕と野田さんは昭和三〇年生まれだから、焼け跡を生々しく語る人の強烈な印象がまだ残っていた。で、今の日本はここから蘇生したことをもっと勉強しろ、みたいな気持ちが我々にはありますよね。だから僕は学生たちに、野田さんの芝居を見に行けとよく薦める。歴史と教養が散りばめられているから、「舞台を見ると現代の成り立ちがわかる」って言うんです。そういうことは意識している？

野田　まあ、してるだろうね。

鎌田　俺の芝居には日本の戦後は全部入っているぞ、みたいな。

野田　うん、まあ、そう言っちゃうといけないけどね。でもやっぱりそれはあると思うな。

鎌田　まあ僕らは教駒だから、教科書を読んで「日本史の勉強してる」って同級生に言うのは恥ずかしいことだった。歴史なんて小説や映画からその本質をつかみ取るのがカッコいい勉強で、「教科書には当たり障りのないことしか書いてない」と豪語してた。だから、今の野田さんも、あからさまに歴史はこうだったとは言わない。でも芝居を見たら全部わかるような、そういう仕掛けを密かにつくる。そういう意図は、高校の頃からずっとあったんじゃないですか。

野田　きっとあると思うよ。

鎌田　それがNODA・MAPで一気に開花したように思うんですよ。決してあからさまには言わないけど、「このくらいわかってね」「日本の戦後史でこれが今の世をつくってるんだぞ」みたいなものをすごく感じるわけ。かつての教養主義みたいだけどね。

野田　うん。でも教養主義が嫌いで始めたんだけどさ。

鎌田　ああ、そうでした。最初はアンチ教養主義ですよね。

野田　俺たちが高校の頃って、時代が教養主義みたいだったでしょ。あり得ない言葉をどれだけ知っているかが重要視されるようなな。

鎌田　そうそう。丸山眞男（一九一四～九六）とか中野好夫（一九〇三～八五）とか、まだ生きてたしね。

野田　そう。それこそ吉本隆明（一九二四～二〇一二）とかを高校生がどのくらい語れるか、みたいなのが周りにいっぱいいいた。鎌田さんは、俺の出自がわかるよね。

鎌田　そうなんです。同じ時代を経験してるからね。

芸術家の予見性

鎌田　もう一度最初の話に戻りましょうか。実は火山の現象まで関わるんです。『南へ』をやっている最中に三・一一が起こって、一五日に芝居を再開しました。この三月一五日は、僕の専門の地球科学から言うと、特別な日だったんです。突然、富士山の下で地震が起きはじめたんですね。つまり、マグマ溜まりの直上で地震が発生し、火山学者は全員「すわ、噴火か！」と思ったんですよ。

野田　ああ、そうなんだ。

鎌田　正確に言うと、深さ一四キロメートル、つまりマグマ溜まりの天井にヒビが入って仰天した。いま富士山の下ではマグマが満杯だから、一気に噴火するかもしれない。すると東日本大震災に追い打ちをかけるように、火山灰が東京に降ってきて大変だと思ってすごく緊張したわけ。その最中に「えっ、この一五日に公演再開したんだ」みたいな驚きがありました。幸い、富士山はまだ噴火していないけど、いつ噴火してもおかしくない状態は今も続いている。ただね、後で振り返って「富士山で地震が発生した日に野田秀樹は再開した」と、歴史的文脈で語ればすごく興味深い。深読みだと言われるかもしれないけど、そういう角度から見ても、「やっぱりNODA・MAPを追いかけよう」みたいな人が、これからもっと出ると思うのね。

もう一つ、例えば社会学者のマーシャル・マクルーハン（一九一一〜八〇）。彼はメディア論が専門だけど、一九七〇年代に「芸術家というのは、ただ今の世の中をおもしろおかしく伝えてるんじゃなくて、実はその中に未来を予見する力がある」ってはっきり書いている（巻末の講義レポートを参照）。それで僕は、ああ野田さんは、まさにマクルーハンの言う芸術家本来の仕事をしているなと思ってね。ゾクゾクッとしたというか、興奮したというか。野田さん自身、そういう意識はあります？

野田　まあ、あんまりないね（笑）。やっぱり偶然性の方が強いような気がするんだよなあ。ただそう言われると、なんで鎌田さんとこに連絡して地震を書いてみようと思ったのかな、というのはあるよね。

鎌田　そうそう、そこが知りたい。ちょうど半年前ですよね、九月だったから。それで三月に地震。

野田　いや、そのシチュエーションも、おもしろいって思っていただけなんだよな。

鎌田　ちなみに『南へ』って、今の北朝鮮問題の話も入ってて、政治的にもすごいんですよね。地球科学と国際政治の両方で予見性がある。東日本大震災から日本列島は「大地変動の時代」に入っちゃったから、この年から今が始まっている気もするんだけど。

野田　まあ非常に、この先がタブー的というか、まあタブーじゃないけど、北朝鮮の話もほとんど誰にも語られずに通り過ぎたような気がするんだよね。

鎌田　そうですよね。でもこういうのって人々の心に残っていて、そういう蓄積が、あるとき突然「臨界点」に達してね、何かブワーッと出てくると思うんです。だから一見、表面上は何もないようでも、一つひとつ蓄積していることを芸術家は感じ取っている。僕は野田さんをそう見ているんです。

創造のはじまり

鎌田　今日お話しして、どうやら本人はあまり意識してないことがよくわかった（笑）。けれども、すごいのは、それでも作品が出来ちゃうんだよね。非常にクリエイティブな現場なのに、野田さんはやってる意識があまりない。で、ずばり次に話したいテーマがあるんです。つくりたいものは、頭から溢れ出るものですか、それとも絞り出すものですか？　言い方を変えると、つくり上げるものですか、天から降ってくるものですか？

野田　おお、なるほど。溢れ出るときもあるよ。そして絞り出すときもあるような気がする。で、必ずしも溢れ出たときだけがいいわけでもないしね。これも不思議だよね。

鎌田　そうそう、そこをちょっとくわしく語ってください。

野田　意外に簡単につくったものが、評判をとるときもある。

鎌田　例えば、どの作品？

野田　『桜の森』とか。

鎌田　へぇー、そうなんだ。

野田　『桜の森』なんか、ものすごく短い時間で書いたね。

鎌田　どれぐらいですか、具体的には。

野田　一カ月弱ぐらいかもしれないな、あの当時だったら。だから、必ずしも一年かけてつくり上げたからよくなるっていうものでもない。一年経つと一年前と考え方が変わってきたり、飽きちゃったりするんだよね、最初の仕掛けが。

鎌田　うんうん。

野田　そうするとなんか、芝居が余計な動きをし過ぎちゃう。だから最近は、いっそ昔に戻ろうと思って、なるべくギリギリまで書かない――というのもちょっと言い訳なんだけど――書かずにいて、ギリギリにためてやった方が、せいぜい二カ月ぐらいの集中力で一つの成果をつくった方がいい。一年かけちゃうと、やっぱり一年前と全然違うようなことが起きていたりした時期もあるね。

鎌田　なるほど。で、野田さん、新潮社から単行本で戯曲集を出してますよね。あれは公演後の最終版だけど、最初の戯曲は二カ月ぐらいで書き上げたものをパッと出してる?

野田　我々には稽古初日っていうのがあるから、稽古初日が〆切りなんで――まあそれじゃダメなんだけど――最終的に稽古初日までには書かなきゃいけない。新潮のやつは、そこから稽古でちょっと直したりしたものを出版してる。

でも「溢れ出る」という意味で言うと、やっぱり若いときの方が出るだろうね。なぜいいかというと、若いときってやっぱり知らないんだよな、自分が。だから「この世界は自分が見つけた新しいものだ」みたいな感じでバーッとさ。例えば発生学の、つまり人間が胚からこうなっていく、何十日の間にすべての人類史を全部経験し、そして進化の……。

鎌田　うん。生物学で必ず習う系統発生の話ですね。

野田　そ、系統発生。ああいう話を二〇代の最後の頃に見つけ出すと、「あ、これおもしろい」と思って、それが『彗星の使者《ジークフリート》』って芝居になってる。

鎌田　ああ、そうなんだ。

野田　それなんかは、その頃はもう自信をもって書けるわけだ、知らなかったから。「おもしれえ」って思って。

鎌田　系統発生っておもしろいなとインスピレーションを得て、アイディアがバッと浮かんだわけだ。その後は次から次へと溢れ出たってわけ？

野田　うん、そのときは。ちょうど一九八五年か八六年で、ハレー彗星が七六年ぶりかで戻ってくると。で、彗星というのは、生命が彗星からやってきたという話があって。

鎌田　そうそう、「パンスペルミア説」ですね。宇宙から生命の種がやってきて地球上の生物が誕生した、と。

野田　書いてあるでしょ。そういうものと、やはり彗星というのは楕円だということで、そのときちょうど三部作を書こうと思っていたんだよね。楕円と双曲線と……あと何だっけ、三つの曲線ってあるでしょ。あ、放物線か。だから「放物線」が最初の走り高跳びの選手の『白夜の女騎士《ワルキューレ》』というやつで、『彗星の使者』で「楕円」の物語をつくって、最後「双曲線」というのはブーメランで帰ってくる物語（『宇宙蒸発《ワルハラ》』）。

鎌田　三曲線って、高校数Ⅲで習う放物線、楕円、双曲線のことね。よく覚えてるなあ（笑）。野田さんの戯曲って最初はわりと数学的に構成しているのね、へえ。

野田　自分の中ではちゃんとそうやって構成してつくってる。やっぱり二〇代のときは、そういうものがつながったり溢れたりするのが楽しくて、やっていた気がする。だからつくっている期間も非常に短くて、あっと言う間に書けた気がするな。

鎌田　そうそう、それで最初の質問ね。それは溢れ出るものですか？

野田　だね。それがやっぱりだんだん……。

鎌田　絞り出すようになった（笑）。

野田　だね。

そして絞り出す

野田　絞り出すようになるのは、つまり人間の限界なんだけど、個人が関心のあるものってやっぱり似ているじゃない。画家を見ればわかる。画家ってやっぱり「あ、同じ絵を描いてるんだ結局」って。確かにパブロ・ピカソ（一八八一～一九七三）みたいにドーンと変えちゃうときもあるけど、でもピカソにしたって何回か変わっただけで、やっぱり同じじゃない。

鎌田　うん、そうだね。

野田　そういうのを見ていると、人間っていうのは同じものを描き続けるんだな、というのが如実に感じられる。それで今は逆に、平然とスッと似たものを出せるようになったかもしれない。若いときにちょっとこの辺書いてるんだけど、でも六〇歳を超えてから書くと、きっと違うだろうと。そういう意味で言うと、俺の場合、やっぱり共同体の物語に関心がある。それから生命の起源みたいなもの。それはどちらも始まりという神話につながっていくことなのかもしれない。

鎌田　神話っていいですね。レヴィ＝ストロース（一九〇八～二〇〇九）も神話を題材にして大部の著作を書いた。で、野田さんはそういう種、シーズみたいなのをいつも探しているんですか？　それとも、もともと自分の中に持っているもの？　中学、高校とか、もっと小さい頃からの興味がワンサとあって。

野田　やっぱり持っているだろうね。

鎌田　すると、持っているものがずーっとこう膨らんで？

野田　うん。それは鎌田さんもあまり変わらないでしょ、大きいところの自分の関心は。

鎌田　そう、興味の中心は小さい頃からずっと続いている。でも、他所から突然やってくるものもある。

降ってくるもの

鎌田　そこで次の質問なんですが、まったく新しいアイデアが天から降ってくる、みたいなことはありますか？　パンスペルミア説だと、宇宙からシーズが降ってくるわけですよね。今までは思いもしなかったけれど、突然これ考え出しちゃったというのがあるのかどうか。

野田　あ、でもやっぱり書いている途中に降ってくることっていうのがあるね。

鎌田　途中に、ですか？

野田　うん。つまり最初からこうやろうと思っているんじゃなくて、助けがやってくるんですよ。

鎌田　その助けっていうのは他人？

野田　ううん、違う違う。だから、思いつき。

鎌田　自分ひとりで思いつく？

野田　偶然だよね。つまりこういう話にしていこうと進めて、このままだと「まあ、想像の範囲だな」と思っていると、何か単純に書いているときに、たった一つの言葉遊びであったりすることもあるし、小さな思いつきだったりもするんだけど、何かが起こる。『小指の思い出』の場合なんかは、指紋を見たというかね。

鎌田　指紋？

野田　そう。要するに「あ、そうか指紋はアイデンティティだな」と思って、例えば指紋が解けて凧のように飛んで行っちゃうと、自分が正体不明になるというか、「自分がいなくなるということだ」

と思いついたときに、あの物語の全体がこう……。ああ、じゃあこれを凧糸《たこ》にしてスルスルスルッてみたいな、そういうのは降って湧くというかね。別に勉強するもんじゃないし。でもそれを培ってきたのは、やっぱり小さいときからのものじゃないのかな。自分がかつて凧を揚げてたからじゃない？

鎌田　ああ、そういうふうに捉えるのか。小さいときの影響ね。

野田　凧を揚げていたから、凧が空にギュッと引っ張られるグイッグイッて感覚を知っている、というのは大きいような気がする。

原体験の存在

鎌田　そういう意味でも、野田さんの最近の作品では、戦後の日本が頻繁に出てきてますよね。僕らが育った頃、小学校四年のときに東京オリンピックがあった。そのイメージが強烈で、今でも原体験になっている。その原初風景がフワッと作品にも上がってきている感じがするんだけど。今年は「東京キャラバン」という文化混流を目指したムーブメントをやられてますけど、やっぱりそんな感じ？

野田　そうね。「キャラバン」の中で、作家として書いているものは発表時間が一〇分ぐらいのものだから、すごく気楽に書ける。そうすると、自分の原体験ではないけれど、子どもの頃のものをスッと書いてみようかなと思ったんだよね。

鎌田　そのあたりは、寺山修司（一九三五〜八三）さんと一緒ですか？

野田　あの人たちは原体験が、書くべき原体験だったりして、戦争が入ってた。そこで当然のようにみんな書いたんじゃないかな。

鎌田　なるほど。僕らは昭和三〇年生まれだから、もう終戦直後も薄まっている。で、高度成長が始まっちゃって、みんな行け行けどんどん。そうすると、寺山さんみたいな強い原体験はないわけか。

野田　ない。ないと思う。俺、昔「僕らには原体験がないことが強いコンプレックスだ」ということをどこかで書いた気がする。

鎌田　確かにそうですね。僕らはわりと豊かな時代を生きてきたから、逆にもっと先に大変なことがあると思う。それが世界戦争だったり、大地震だったり、AIが人類を駆逐するみたいなね。平和に育ったがゆえに思考がフーッとそっちへいくんだろうか。未来の不安を予感して……。

例えば北杜夫《きたもりお》（一九二七～二〇一一）とかの世代には、現実に戦争があって、教科書に墨を塗ったとか、そういう生々しい体験がある。だけど僕らはそれがもうないから、だからこそもっと未来に怖れを持っちゃう。人類史的に大変なもの――生命の危機とか――を敏感に感じとる。それが寺山修司と野田秀樹の違いかな。

野田　そういう部分は全然違うだろうね。

鎌田　ああ、この分析すごくおもしろいな。

野田　あの人たちは、育ったところに、書くものがいっぱいあったんじゃないかな。ところが今になると、「ああ、じゃあそれを書こうか」というふうになってきたよね。だからあまりにも若い人が知らなかったりするので。

鎌田　そうそう。そもそも若い人ほど歴史に無頓着だから。

野田　そうでしょう？

鎌田　それで野田流の日本史が登場するわけね。

野田　そうそう。

観客と時代の変化

鎌田　僕は京大生に「野田秀樹の芝居を見たら日本の社会構造とその未来がわかるよ」みたいに言ってます。すると、「へえ、そうなのか」って戯曲を読んだりする文学部生がいてね。これはいいことだなと思って。野田さんは言葉にすごく敏感で一所懸命に表現する。しかも事実関係をちゃんと確認している。だから野田さんの芝居って勉強になるわけですよ。

僕は、野田さんの戯曲集はいずれ全集になると期待してるんですけど、同時代を書き記したものとして絶対に残ると思う。野田秀樹を読むと芸術と歴史――歴史っていうか、そもそも日本人がどうしてきたか――がわかるなと思って。

野田　でもそれはやっぱり、鎌田さんは同じ環境で学んできているから、俺が書いたり、散りばめているものを全部拾ってくれる。実のところ、確かに高校や大学の頃は、見にきてくれる観客もインテリ層が多かったと思う。

鎌田　そうですよね。伝わりやすかったことは確かだ。

野田　だから渡す言葉をわりと記号的にボーンと出しても問題なかった。例えば「狭き門」と出せば、みんな知ってたから。

鎌田　アンドレ・ジッド（一八九一～一九五一）って、ピンとくるからね。そのくらいの教養は皆にあるよね、みたいな。だから、出す方もそういうつもりでどんどん繰り出していった。

野田　なんだけど、今はもうそれがダメなわけよね。

鎌田　あ、そうなんですか。

野田　……じゃないかな。京大生だって危ないんじゃない？

鎌田　最近の京大生が本を読んでいないのには僕もびっくりしている。たぶん、京大生だけじゃないと思うけど。

野田　『狭き門』とか、危ないでしょ。

鎌田　そうそう、そもそも文学を読んでいない。

野田　我々の受けた教育が正しかったかどうかもわからないけど、教養主義だから、こういうことは知っておくもの、読んでおくものとして読まされたじゃない。

鎌田　確かに。それで今みたいにネットもなかったから、スマホなんかに費やす時間は全部本を読んでいた。その違いはすごく大きいと思う。

野田　そういうことだよね。

鎌田　僕の専門で言うとね、地球科学と火山学を教えていても、ある程度受け手にリテラシーがないと全然伝わらないんですよ。だから幼稚園児は無理だし、小学生もまだダメ。中学生ぐらいでも、やっぱり集中力がないからかなり難しい。つまり、理解してもらうには、リテラシーと集中力というものがある程度いると思う。で、今の『狭き門』でも、書名を言えば何のことかパッとわからないと、説明している間に話がそれちゃう。そういう意味で、演劇も観客にある程度のリテラシーを求めますか？

野田　うーん。演劇というか、自分の戯曲でそういうものを選んでいるものもあるかな。その『狭き門』で言うと、それにプラスして「鬼門」につながって、インチキのフランス語の「セマキモーン」みたいな話になったときに、そこまでをお客さんに全部理解してくれっていうのは、今は非常に難しい。昔はたぶんね、一九八九年に書いた時点（『贋作・桜の森の満開の下』）では、そういうことを理解してくれるお客さんが結構いたのかなと思う。

鎌田　そうだ、時代が変化しちゃったことは確かにある。

野田　あるね。非常に言葉が、語彙力も含めて弱くなっているのは間違いない。その分、ビジュアルとかは強くなっているの、こういう時代だからね。つまり、言葉をそんなに覚えなくてもよくなっちゃってるんだよ。わからない言葉があったら調べればいい。でもその代わり、すぐ忘れちゃうわけ。

鎌田　そうそう。今日の芝居でも、ネットやスマホが登場して、七年前とはちょっと違うストーリーになっていた。それは観客というか、世の中に合わせて少し変えたってことですか？

野田　そう。どういうカルトかっていうのを、ウィル・シャープっていう三〇歳の作家（演出家・俳優）と話しててさ。

鎌田　ツールもメディアも劇的に変わってしまったということ？

野田　そうそう。そのときに「あ、それいいね」って話になって……。誰もが子どものときに幻想するのは、実はこの世界は自分が見ている夢で、実は自分一人だけだと。そういうことは誰もが一度ぐらい想像しているでしょ。自分一人だけで、みんないなくなっちゃう。そういうカルト的なもの……つまり世界はコンピュータの中にあるんだと。そういうカルトとか、なんか出そうだね、という話になった。だから実はそのもとにあるものは、この道具ではなくて、人間誰もがもつ単純な妄想だということ。ただいつの世も道具は新しくなるでしょ。

鎌田　うん、そうです。

野田　道具が新しくなることで、人間の思考は影響を受けて多少は変わる。でもやっぱりもともとの部分というのはあまり変わっていない気もする。

鎌田　そう。変わっていく部分と変わっていない部分があるよね、きっと。これもさっき出した『メディア論』を書いたマクルーハンが見事に言い当てた。一五世紀のヨハネス・グーテンベルク（一三九八頃～一四六八）の印刷機の発明から、ラジオとテレビを経て、今やインターネットとメディアが激変した。実は、変わったのはメディアだけでなく、伝えようとする中身のコンテンツも変えてしまった、とマクルーハンは言ったんですよね。つまりツールが中身を変えるという本質を見抜いたんだけど、そのことを野田さんは戯曲にも入れちゃってるのね。僕はそこに予見性があると思う。いつも先のことを語っているから、そういう場面がふっと出てくるわけですね。

野田　うんまあ、先のことなのかどうか、そのへんの記号学であるとかはね、ある意味七〇年代、八〇年代にすごく流行ったでしょ。

鎌田　そうそう、記号学とそのベースにある構造主義とね。

野田　構造主義と。そこって、俺らは知らないうちに影響を受けていて、考え方もそこに影響されている。そのままなんじゃないかな、俺が出してきているのは。ただ、今の若い人たちはそういうものに対してもあまり飛びつかなくなっているのかな。

鎌田　そうなんです。だから僕は学生たちに「わかんなくてもいいから、とにかく野田芝居を見に行け」って薦めるんです。

AIはこわくない

鎌田　結局、ネットもスマホもすべて人間が考え出したツールですよね。若い人が熱中するゲームも、頭でつくり出した範疇の動き方しかしていない。だから時間をかければかけるだけ、人間のつくったものから離れられなくなる。人には習慣性があるからますます溺れるというか、捕らえられていくわけですよ。

それに対して僕は、頭でつくったものから離れてみようと提案してるんです。「体は頭より賢い」

とよく言っているんだけど、つまり身体の感覚に委ねてみる。身体は自然がつくったもので、三八億年の生命の歴史を背負っている。その身体に戻って、人間の頭がつくったものからは離れてみようということ。早い話が「書を捨てよ、町へ出よう」、いや「町」じゃなくて「山」へ行こうなんだけど。

自然の中に奥深く入ってみると、人工物にとらわれているのがバカバカしい……というより違和感を感じてくるんです。自然に触れながら身体の感覚を呼び覚ましてみる。もちろん人間は頭脳を捨てることはできないから、自然そのものには到達できないんだけど。でも、京都という都会の中で、こういうことが一番大事だなと感じたわけです。それが、僕が科学の世界から飛び出そうとした理由なんですよ。

野田　うん、そこだ。俺もＡＩの話をしようと思った。

そうしているとね、例えばＡＩって僕には全然恐くないんです。

鎌田　よかった（笑）。そもそもＡＩが芝居できると思わないしね、戯曲も書けないでしょ。みんなＡＩをこわがっているのは、その世界で縮こまって生きようとするからです。でも、僕たち生身の身体はＡＩの遠く及ばない自然の中で生きているんだ、と気づくだけでガラッと世界観が変わるんですよ。そこを僕らはもっと言わなければいけない……。というか、野田さんには、次にＡＩについて戯曲を書いてよと言いたい。

野田　ＡＩね、まずあいつらは液体を出せない。

鎌田　ははぁ、液体ときましたね（笑）。

野田　我々はね、汗とか、よだれとか、涙とか。

鎌田　うん、そうだ。いいね、野田節が始まった。

野田　そう言うと、なんか液体を無理に出させる科学者がいるかもしれないけど、そんなもんじゃない。

鎌田　そうそう。科学は頭の中にあるものだから全然違う。

野田　汗のかき方なんかも、我々はその日によって全然違うからね。いいときはいい汗。やっぱりヨガってすごいよ。本当に短時間ですごくいい感じで汗が出る。それって呼吸と身体がちゃんと、そういうものを出すようにできているんだね。そんなのは絶対にＡＩとかにはできない。

鎌田　確かにできないね。

野田　だからね、もう勝負はついてると思うね。

鎌田　そうでしょ！　でもみんながこわがっているのは、ＡＩができるような仕事で食っていこうと思うからでね。何だか後ろ向きなんだよね。

野田　だからさ、将棋とかチェスぐらいでワーワー言ってるからいけないんだよ。あんなのはさ、○×○通りの指し手とかでやれるわけでしょ。それをコンピュータはババーッと計算してやるんだから、早いに決まってるじゃん。

鎌田　そうそう。そりゃ、たくさん棋譜が入っている機械の方が強い。

野田　だってまさにそのためにできてるんだから、コンピュータは。01010101……だけでやれるわけでしょ。だからそれはすごいと思うけど、でも全然違うところがある。ただ囲碁とかはどうなの？囲碁もＡＩが勝ってるの？

鎌田　うん。ゲームってみんなそうだと思うよ。ゲームって一括りにしてるけど、やっぱり人間が考えたものに過ぎない。ゲームなんかで勝負するからダメで、全然違うところでやるべきだよね。

野田　ルールと、こうやれば勝つというのがある世界だからね。

鎌田　そうでしょ。整合性のある閉じた世界に過ぎない。

野田　それはもうコンピュータの世界だからね、まさに。

鎌田　でも、身体って頭のつくったものじゃないし、何十億年も前から地球上で厳然と繋がっているんです。生命って閉じていないし、想定外の未来へ向けて開かれている。僕らはそこで仕事をしようとしているわけですよね。

野田　うんうん。

こぼれ対談② 日本・東京・京都

鎌田 ここで野田さんに日本文化についても語ってもらいましょう。この間会ったとき、「次はフランスだ」って言ってましたよね。日本人として海外に出向いて演劇する意義は何ですか？ つまり、ロンドン公演で「世界の野田」になった自分が日本に生まれたってことはどうなんです？

野田 日本ね……。

鎌田 僕は東京生まれだから、京都に暮らして初めて歴史と文化を併せ持った古都に魅せられた。で、野田さんは東京から海外に出向いて日本を発見したとか……。

野田 いや、でも日本の自分の生活エリアって実際はすごく狭い。だってさ、渋谷のあたり、下北とか。大学は渋谷近辺で、仕事も、あ、高校も。で、中学は代々木でしょ。

鎌田 代々木だ。そう、あの辺だよね。

野田 本当にあの辺をチョロチョロ動いていて、それが突然ロンドンとかにボーンと行ってみて……。だから日常の中で、どこかへ行ってそこで……というのが、自分はあまりないのかもしれない。

俺、初めて海外に行ったのが二七歳ぐらいなの。それは電電公社がＮＴＴになったとき、その名前を広めるために言葉の番組をテレビでやった。テレビに出たのもそれがほとんど初めてで、それで世界をほとんど回ったんだけど、それが世界へ出た初めだった。そのとき南アフリカへも一〇日間ぐらい行ったんだけど、ヨハネスブルクからケープタウンへ行って、そこからウンタタっていう地方の都市へ行って、そこからさらに九時間かけて奥の奥まで車で行ったの。そうしたらね、夜中に行ったということもあるんだけど、全く光のない中でさ。月もなく曇っていたのかな。とにかく真っ暗だった。それでチラチラと、遠くに人工的な光が……つまり町だよな、町が見えた。それがもう嬉しくて嬉しくて、俺はやっぱり人工の光が好きだと思ったね。

鎌田　あ、それは僕もすごくわかる。

野田　わかるでしょ。つまりね、その時代だから、「自然に帰ろう」とか、そういう話じゃない。でも違うのさ。ややややや、ありがたーい、ありがとうございます、だよ。人工の光で、それでもうウキウキしちゃったの。俺は東京のその辺で育ってさ、もう染みついてるんだなと。やっぱり変な水がこわいし。現地の水とかさ、「これ飲んでいいよ」って言われるけど、いややっぱり飲む気がしないな、とか。そのとき、情ないほど極端に思ったね。

鎌田　じゃあインドでは暮らせない？

野田　そうなんじゃないかな。インドには俺、行ったことがない。けど、勘三郎は生前インドへ行った。

鎌田　そうそう。それで来い来い、ってしきりに言ってたんだよね。

野田　そう、ものすごかったよ。もう勝ち誇ったように「お前、インドおもしれえぞ」って言ってた。「死体を洗うところに入って、そこの水を飲んでるんだ。すごいぞ、絶対に行け」とか言われたけど……。でもまあ、行ってはみたいね、こうなるとね。ただ暮らそうとは思わないだろうな。

鎌田　やっぱり僕なんかの世代は、文化に触れる前に、ある程度は文明がないと辛いんじゃないかな。それはすごく現代的なテーマになると思うんです。野田さんの劇では、必ず文明がブワッと出てくる。文明の光もあるし、文明の暗黒もちゃんとある。でも、だからといって文化一辺倒になって縄文とかケルトとか、そっちへは行かないんですよね。

僕なんかはね、いま科学から飛び出しかけていて、縄文時代の人類の暮らしを真剣に考えているのね。文明も何もない時代ね。これは「ストックからフローへ」と言うんだけど、我々は一万年前に農業を発明して、食糧を貯め込むことに成功した。つまり、備蓄（ストック）の始まりってわけで、これによって次の冬に飢え死にしなくてすむ生活になった。でもストックには余剰が出るから、余りをかき集めたやつが豪族になり、果ては王権や国家にまで行き着く。それでしばらく人類はやってきたんだけど、一八世紀のイギリス産業革命で、ストックをめぐる状況がまたガラリと変わった。今度は石炭をバンバン使って生産性を高めていった。それで石炭の次は二〇世紀の石油だね。いずれも、地球上の植物が何億年もかけて営々と貯め込んだストックを、たった数百年で使い尽くす世界にしてしまった。でも、これはいつか必ず破綻する。それはわかっているけれど止められないっていうのが、我々の現代だよね。今日の芝居(『One Green Bottle』)もそうだけど、すべてが進行中で後戻りできない。で、僕らが地球科学的に戻ろうと考えるのは、ストックを産み出す原点が生まれる前。すなわち、農業を始める前ってことだから、一万年より前にさかのぼる。

その頃の人類は狩猟採集で暮らしていた。要するに、渚にいる魚介類をつかまえたり落ちてくる木の実を食べて暮らしていた。つまり、自然から与えられるフローだけで生きていたわけですね。それから時代を経た江戸時代も、ある程度フローなわけね。鎖国していたから、自給自足でなんとかしのいでいた。で、フローの時代には何があるかというと、それが文化なのです。文明が抑えられるから、江戸文化みたいな独特なものが生まれたわけだね。

でも、野田さんは閉空間の美しい文化という方向には行かないんだよね。それはなぜだろうって僕はずっと考えていた。でも、年取ったらそっちへ行くかもしれないし、実は興味津々なんです。で、京都の町家にはぜひ来てほしい。そこで野田さんが変わるのを目の前で見てみたい(笑)。

野田　いや、京都はでも、チョロチョロ……。京都で芝居をしていないだけだよ。それこそ劇場がないんだわ、京都は意外に。

鎌田　最近ロームシアターができたけど……。

野田　あれは最近改修された。それまでずっとなかった。

鎌田　あ、そうだったね。

野田　でも別に、京都は……自然じゃないでしょ。

鎌田　そうです。決して自然じゃないんです。だから日本的思考というのは、ちょっと曲者《くせもの》でね。例えば、桜の話がそうなんだけど、今ソメイヨシノって、どこでも四月になるとバーッと咲くでしょ。桜って、葉っぱが出る前にワッと咲いて、最後にパッと散るから美しいって言いますよね。でもアレって明治以降に作られた風景なんです。

野田　うんうん。

鎌田　その前、日本の桜は山桜だった。山でチラホラと咲くもので、一気にバーッと咲くもんじゃない。山の土壌ごとに育つ種類が全部違って、多様性そのものだったんです。だけど明治以降は、「桜」と「散る」みたいに軍国主義にも組み入れられた。結局ソメイヨシノ的な美意識は、明治の近代と科学技術と全部重なってくるんですよ。だから我々が日本的として愛《め》でるものには、明治以後に作られたものが混じっている。

一方で、その前の江戸時代はもっと多様だし、もっと地味だし、全然合理的でもなかった。西洋人がビックリするすごく美しいものではないけれど、でも京都には、まだその時代のものがかろうじて残っているなと思って、そこに僕は惹き付けられたのね。室町時代に誕生した東山文化もそうです。で、この間、京都国立博物館の国宝展に行って、雪舟をしこたま見て驚いた。雪舟も中国へ行っていろいろ学んだけど、やっぱり全部変えちゃったでしょ。結局は日本の水墨画になっちゃったんです。僕にはそれがすごかったから、野田秀樹が世界を制覇した後、「やっぱり日本だ」って言い出さないかなと期待してる。野田さんをどうつついたらそうなるかな、みたいな余計なことを考えてるわけ（笑）。

野田　言い出した方がいいの？（笑）

まず一九九三年にロンドンに一年留学してるでしょ。そのときは国費留学で、一日も日本に帰ってきてはいけないやつだった。

鎌田　うんうん、わかります。

野田　絶対に……例えば親でも死ななきゃ帰っちゃいけない。でも親はもう死んでたから帰る理由がなかった。それで向こうに行って、ありきたりな話だけど、やっぱり突然日本のことを考えるわけ。言葉という問題でまず日本語を考える。そして日本との違いだけをいつも考えて生きる。でも、俺は日本に帰って一番やりたくなかったのは、「やっぱり日本がよかった。日本が一番だ」と言うの。そう言って帰ってくるやつが半分以上いたけど、俺はそれは嫌だなと。

鎌田　あはぁ、ねじれた（笑）。すごいねじれだね。

野田　ねじれ、ねじれ。それは日本を恋しくも思ったし……。で、向こうにいたときも、まず何カ月かは絶対に日本人とは会うまいとした。ロンドンなんかには日本人のいる場所がある。そこには行きたくないとか、そういうことも決めてたし、なんか……まあ、半分別のねじれかもしれないね。でも昔から、留学した人間が突然日本主義になったりするでしょ。それだけは俺は違うなと。

鎌田　ああ、それでわかりました。

野田　ただ、やっぱりそういうことを思うときはある。それはなんか「日本の人間がいい」っていうのを、海外のやつから言われるときね。

鎌田　うん、そうそう。

野田　イギリス人とかが「日本人って人間がいい」って、まあkindって単純な言葉でいいんだろうけど。で、このkindは、実は戦争中に日本人が突然残虐になったことの裏返しかな、と思うぐらい。つまり、なぜあんなに残虐になれたかって、海外へ行ったときに。すごくギャップがあるんだけど、だけど確かに日本人がもっている、我々の自慢すべき人間のよさっていうかな、ちゃんとあると思うんだよ。

鎌田　人間のよさって、本当にあると思う。僕の解釈だとね、明治以降に急速に近代化してそれをなくしちゃった。富国強兵で産業を興して、教育も軍隊がシステムをつくったでしょ。だから日本中で皆すごく無理したんです、戦争前にね。

野田　ああ、なるほどな。つまり本当はよかったのに変えちゃったということだね。

鎌田　無理して西洋の近代に合わせたから、人間のよさを失っちゃったんです、不幸にしてね。江戸時代以前はね、全然そうじゃない。

野田　まあ、そうだろうね。

鎌田　だから僕が「戻すべき」と思うのは、そのあたりも含めてなんです。野田さんと僕が生きてきた時代は高度成長期で、日本人はエコノミックアニマルなんて揶揄されっぱなしだった。その直後にバブルが崩壊して「失われた一〇年、二〇年」があるけど、野田作品のど真ん中ですよね。ひょっとすると失われてよかったのかもしれない、ってのが人々の心の中にある。やっぱりそこに戻ってちょっと考え直してみたい。そういう生き方と経済にしないと、せっかく我々が長年かけて培《つちか》ってきたよさがずっと失われたままになる。エコノミックアニマルとか戦争中の残虐さとかずっと言われ続けると思うんですよ。

でもね、僕いま思ったわ。野田さんに「京都はいいよ」って言うとねじれてさ、「そうだ京都行こう」なんかじゃなくて、「誰が行くもんか」になるんだよね。だからこれは言うのやめた（笑）。それで野田さんに「京都つまんないよ。もう、いよいよいいよ」って言うとね、そのうちふっとね、京都に……。

野田　いや、でもこの前、二条城でやった「東京キャラバン」とか楽しかったよ。

鎌田　ほら。楽しかったって話になってきたぞ（笑）。

第4講　偶然崇拝

偶然の話

鎌田　第4講は「偶然」をテーマに伺いたいと思います。今回すでに何回も登場している言葉ですが、野田さんにとって一番重要なキーワードですよね？

野田　まあ、演劇っていちばん偶然と密接なものだと思う。

鎌田　東大で行われた朝日講座でこれをテーマに話されて、僕も学生たちと一緒に聴かせてもらいました。すごく興味深かった。

野田　最初は「演劇と偶然」という題名で話す予定だったんだけど、急遽「偶然崇拝」として、偶然を讃美しようと思ってさ。

今までにいろいろな偶然が俺の中に起きているけど、二二歳ぐらいのときに書いた『怪盗乱魔』には本当に説明のしようのない思い出がある。これが再演になったとき、伊藤蘭という、ある世代には神秘的な女優さんが主役だった。キャンディーズを解散して一回辞めて、復活した第一弾でね。だから俺が二七歳ぐらいのとき。

『怪盗乱魔』というのは、「快刀乱麻を断つ」という、ことわざから来ている題名だよね。快い刀が麻糸を断つようなスパッとした状態が快刀乱麻。それをもじって、『怪盗乱魔』という文字に変えて演じた芝居。

まず、巨大なお釜が舞台上に出て、「舞台後方の巨大なお釜開く。男の右手が出る。左手が出る。頭が出る。男はブツブツ言っている。彼こそ吉田松陰」で、「女からこの世に生まれた私が必ずしも女ではなかったように、たった今お釜から生まれた私もおかまとは限らない。うむ、これはひとつの真理にちがいない。もう一度やってみよう」と、こういう登場の仕方をする。それで『怪盗乱魔』は平仮名で書くと「かいとうらんま」。この「かいとうらんま」という字をよく見ると、お釜の「か」と「ま」の間に「いとうらん」がいる。「か・いとうらん・ま」。これ、俺はまったく予期せず書いたのが、一緒に仕事をする五年前の話。そのときに、再演の途中でふっと気がついた。やっぱりこういう偶然って説明しに

『怪盗乱魔』（1982年）

くい。すごいことが起こるものだなと。それ以来、ここまでの偶然はなかなか出会っていないような気がする。

鎌田　なるほど。そういう意味での偶然ね。『怪盗乱魔』だと、第**2**講でも出た、劇場が溢れかえってしまった事件とか？

野田　それは初演の方ね。学生のとき。でもさらに偶然というか驚いたのがさ、この話をした朝日講座へ俺を呼んだ東大教授の渡部泰明が、『怪盗乱魔』初演のときの主役だからね。俺、行くまで彼がいるって知らなかったんだけど。

鎌田　へぇ、それも偶然ですよねえ。

偶然分解

鎌田　野田さんの講義にはテーマが六つあって、黒板に三つずつ左右に並べて書きました。まず「役者」「戯作」「演出」、もう片方が「事故」「思いつき」「出会い」と。偶然を3×3で見るという、その視点がまずおもしろい。この六つが野田さんの演劇人生でもエッセンスなんですか。

野田　ううん、それはただ偶然の話をしようと思って。偶然って色々な要素が考えられると思うんだけど、俺、英語以外はあまり勉強していないから英語に訳そうと思うと、まずアクシデント。by accidentというふうなアクシデント、「偶然」。日本語でアクシデントというと「事故」っぽい感じがすると思うけど。

それからもう一つがby chanceという言い方で、これがチャンス。「思いつき」とした方がいいのかなと。本当はラッキーな感じだけど、チャンス。英語にすると、日本人の感覚とちょっと違うおもしろさを感じた。

それからもう一つ、これは俺が勝手に偶然の要素としているencounter（エンカウント）。これは「出会い」なんだよね。本当は遭遇と訳すべきなんだろうけど。

つまり「偶然」という言葉を考えたとき、こういうふうに三つに分けてみたということだね。俺は演劇で役者・劇作家（戯作）・演出とやっていて三つに分けたから、偶然も三つに分けてみようと。で、役者にとっての事故とか、役者にとっての思いつき、出会いとか、３×３で喋ろうとね。九つも話せないから、途中でグチャグチャに混ぜようと思ってさ。

鎌田　なるほど。で、逆にね、野田さんの演劇って、むしろ偶然を待っているようなところがあるでしょ。「役者」「戯作」「演出」の中には必ず偶然が入ってしまう。そのやり方は二〇代からずっと一貫してた？

野田　そうだね。これはもうずっとそう。

鎌田　それはなぜ？　つまり、どこかで味をしめたの？

野田　いやいや、そういうわけじゃなくて、自分が最初に思いついたとおりに運んでも、それほどおもしろくない、というのが感覚としてある。

鎌田　あ、そこですね。

野田　というのは、自分が思いついて、ここに着地するということをやる以上、おそらく見ている人はある予感をする、そこへ行くというね。自分が逆の立場だったら、それはおもしろいと思わないから。で、書いていると……まあ、俺だけじゃないと思うんだけど、人間というのは横滑りしていくでしょ。今こうやって会話しているうちにも。あそこへ行こうと思って会話しててもズレちゃう。何か、偶然違う言葉を言い出したときに、「ああ、そうそう。そこはさ……」みたいな話になって。それが人のつくるものだよ。特に一九八〇年代というのは、浅田彰《あきら》とかが活躍した時代で。

鎌田　そうそう。いわゆるポストモダンね。

野田　うん。ポストモダンの時代の言葉というのは、意外にそこ……ズレていく言葉というのかな、そういうところだったような気がするのね。だから自分も知らずに、きっとその流れにいた人間だろうな、と思う。

鎌田　第Ⅱ部の導入でも言ったんですが、時代とコンテンポラリーにシンクロナイズするというのが、野田演劇の重要な特質だと僕は思っているんだけど……。

野田　それも何か、あまり自分の中で意識して入っているわけではないのだけど、後から考えると、やっぱりそこの時代の影響はあるのかな。我々の高校生の頃には「構造主義」というのをしつこいくらい聞かされたし、教わった。

鎌田　そうですね。

野田　レヴィ＝ストロースとかばっかり言う人がいたでしょ。それをそのときは「なに？　構造主義」とか思いながら、後になってから自分のモノをつくる感覚というのは、そういうものと呼応してあるんだな、ということに、気づいたりする。

鎌田　ははぁ、僕も同じだ。後になって、構造主義にすごく影響されていることに気づいた。当時はわかっていなかったけれど、今では構造主義的に地球を解析している。

アクシデント

野田　役者は肉体を使う仕事だから、アクシデントというのはしょっちゅう起きている。まあハプニングでもあるんだけど。俺は二〇代のときからよく怪我をしていた。捻挫とか単純な打撲とかはしょっちゅうだけど、両脚ふくらはぎの肉離れもした。そのときは、両脚動けないのですごく大変なんだけど、それでもやる。あと鼻の骨折に、手首は同じところを二回骨折した。それから腎臓破裂というのもやった。舞台上で梯子から落っこちて腎臓破裂。そしてもう一つ、右目の失明。

鎌田　それって舞台でのけがでした？　僕はテレビで語っていたのを聞いて初めて知ったんだけど。

野田　これは舞台上じゃない。三三歳のときに起きたから、もう三〇年近く前だね。その頃『野田版国性爺合戦』という近松門左衛門の人形浄瑠璃をもとにした芝居を書こうとしていた。本当にその偶然もすごいんだけど、そのときちょうど、悪い王様の下にいる悪い臣下が、自分が悪い人間ではないことを知らしめるために――そのときは確か左目だったと思うんだけど――目を刀でついてえぐるというシーンを書いて、その直後だった。俺は役者もやっていたから、その日はちょっと体調がいいなと思って、走りに行ったのよ。駒沢の公園でバーッと走った後、始まったばかりのジムみたいなのが当時あったから、そこへ行って色々やった。「今日はすごく調子がいいな」と思って、本当にいろんなことをやって疲れ切ったので、ちょっと休もうかなと思ったときに、遠くから「リズム体操を始めます」という声が聞こえた。

鎌田　リズム体操？

野田　エアロビのちょっと激しいようなものだね。昔のアイドルで田原俊彦という人がいるでしょ。あの人の曲が流れてきて、「バイバイ、哀愁デイト……」という感じで、俺、「ちょっとやってみよう」と思って動き出したのね。動いてしばらくしたら、カメラのシャッターが降りたように、右目がスポンと見えなくなった。俺はその頃コンタクトレンズをしてたから、それを落としたのかと思ったら、実は――これは後でわかったんだけど――網膜中心動脈血栓というすごい奇病で、つまり血管が詰まって脳に血液がいかなくなって、脳の見る部分の細胞が死んじゃった。脳細胞が死んだらもう生き返らないので、たぶん早めに治せば、三〇分以内ぐらいで見えるようになれば復活するという。とにかく、若い人にはおこりがたい病い。

それでちょっと、一分ぐらい休んで、でも人間の勘というのはすごいもので「これはたぶん、休んで治るものではないな」と思って、大至急病院へ行った。それが土曜日の昼で、土曜日の昼というと病院はあまりいい状態じゃないでしょ、ちゃんとした先生がいなかったり。そうしたら――これは全然差別ネタじゃなくて――中国系のお医者さんが降りてきて、そこへ座りなさいと言って、見た瞬間に、「あ、これダメよ」と言われたのね。その「ダメよ」と言われた瞬間に自分の中によぎったのは、本当にこんな中華料理屋みたいな……よくコントで「ダメよ」というのは聞いたことがあったけど、本当に「ダメよ」って言う人がいるんだなって、気持ちがそっち側へ行っちゃって、自分のこれから起こる不幸がわからなくてちょっと笑っちゃった。

それで「ダメよってどういうことですか」と言ったら、「コレネ三〇分以内にナホサナイトダメね」とか言われて、「一生見えなくなるっていうことですか」って聞いたら、「タプンそう、タイヘンね」と言って、「何か口にカプセルものない？」と。「あ、被せるもの。コンビニ袋みたいなのがあるんですけど」「ああ、ソレテイイヨ、ソレテ」。で、それを口に当てて息をしろって言う。要するに過呼吸のときの処置と同じことで、酸素を減らして血管にどんどん血が流れるようにして、詰まったものを押し出そうという緊急処置だったらしい。それをやって、でも画としてはさ、三〇分の処置いかんで一生目が見えなくなるかもしれないのに、やっていることは、コンビニの袋を口に当てて、スーハーッ、スーハーッ、スーハーッってやってるわけ。それを客観的に思うとやっぱり少しおかしくて、それがずっと続いた。

その次に、ブロックと言って、注射を打って麻痺させて、また血管を……だから処置の論理としては同じようなことだね。で、半身を麻痺させるから、口が曲がってうまく喋れなくなる。そのときにね、俺のことを聞いて駆けつけてきた人が、診察室の扉を開けちゃった。そうしたら俺が麻痺しているから、「ああ、こんなふうになってしまった！」と思い込んで泣き出しちゃった。「しがう（違う）、しがうよ。おい、こい、しがうんだよ」って言うんだけど、「もう、喋らないでください」って言いながら、涙、ボロボロボロボロ。

鎌田　ああー……。

野田　この話、さっきの「タメよ」の話も、その後、目が見えなくなってからいろんな人にすると、必ずみんな笑う。それで俺が話したいのは、俺、このことを、見えないということを、しばらくは……一〇年ぐらい公にはしなかった。何か半分目が見えなくなったけれど、ガンバッテ芝居してます、みたいに興味本位で舞台を見られるのが嫌だったから。

ただ一〇年ぐらいたって、新作を書くとき、現実に何か身体に事故が起こった人の話を書こうと思ってさ、雪山で遭難して左足が一時的に麻痺した人の話を読んで、これは演劇的におもしろいかなと思って書き始めたのね。でも書いているうちに「あ、なんか、これより自分の実体験のほうがおもしろいな」と思って、そこで書いたのが『Ｒｉｇｈｔ Ｅｙｅ』という芝居。右目が見えなくなったから、『Ｒｉｇｈｔ Ｅｙｅ』。Right Eye（右目）と Left Eye（左目）で、Left Eye というのは、英語がそういう構造でできたのだけど、leave—left—left の left。つまり「残された目」というのが、非常に自分の中で「あ、象徴的なものだな」と。こういうものが……つまり演劇というのは、偶然起きた一つの事故が偶然につながっていくことで、物語がどんどん重なっていく。

鎌田　ふーむ。

野田　それでそこからどういう話にしていこうかと思ったときに、ただ自分の体験談を書いても深まっていかないなと思って、「Right Eye」の Eye に着目したのかな。なんか、カメラって「一つの目」じゃない。今のデジカメとかは違うけど。それでカメラマンの話がいいかなとずっと考えていて、当時いた三軒茶屋の太子堂のあたりで古本屋に入って書棚を見ていたら、一ノ瀬泰造さんという戦場のカメラマン――ポルポトの時代、要するに大量虐殺が起きた時代にカンボジアへ行って、若くして亡くなられた戦場のカメラマン――のお母さんだったかが書かれた本を見つけて読み始めて、「ああ、ここことつながるな」ということで、『Ｒｉｇｈｔ Ｅｙｅ』という芝居ができた。『Ｒｉｇｈｔ Ｅｙｅ』に登場するのは自分本人で、本人は今、戦場のカメラマンの話を書こうとする、というような設定につなげていった。

鎌田　もう深い話なんで……（絶句）。

役者のテンションと出会い

鎌田　それでね、東大での朝日講座、やってみてどうでしたか？　東大生に講義なんて初めて？

野田　俺ね、若い人っていうのはあんまり変わってないんだな、と思った。自分は鏡で自分の顔を見ないで喋っているから、同世代ぐらいの感覚で喋っていたけど、つまり「あんまり変わってないんだ」という。やっぱり、まじめさも見えるし、眠そうなやつもいたけど、もっと自分が理解しがたい若人がいるのかなと思ったけどさ、それは全然違ったなと。不思議なもんだね。

鎌田　僕は、野田さんがちゃんと講義の準備をしてたのがすごく印象的だった。パワーポイントまで準備してるなんて、野田さんの印象がすっかり変わった（笑）。

野田　あ、俺がやったんじゃないよ。スタッフとかにしてもらって。

鎌田　うん、でもそれを前もってちゃんと人に準備してもらってね。さらに自分でもアレコレ手を下してやってたって聞いて……。僕はね、野田さんならパッと来て、パッと始めて、それこそ偶然のアドリブを天才的にやるのかと思った。でもそうではなくて、構成もきちんと考えてあるし。そこで役者のテンションを一～七に分けていましたが、その話をちょっとしてほしいです。

野田　役者の身体というのは、自分一人では高まっていかなくて、相手の身体、リアクションがあることで高まっていく。これもほとんど偶然に近いもので、その偶然はいつも稽古場で生まれるんだけど、自分がどれだけ用意していっても、相手が非常に鈍感な役者だったりすると高まっていかない。それはお客さんも同じで、誰が見るか、誰とやるかという出会いの部分がとても大事で、そこで生まれる相乗効果というのが、演劇にとってはものすごく大きなものなのね。これもほとんど偶然の作用で、毎日それができるわけじゃなくて、うまくいく日もあれば、うまくいかない日もある。

鎌田　そうですよね。これは僕が大学の講義で感じているのとすごく似た話です。

野田　相乗効果で乗ったり乗らなかったりする。そういうのが演劇の醍醐味としてある。それで自分の役者としての経験上、あるテンションより高くならないと相乗効果は生まれない。一般的にテンションとか言うけど、これは非常にいい加減な言い方で、「テンション、上げろ」とか、よくダメな演出家が言うんだけど、「はっきり言ってみろ」という話で。テンション（tension）というのは実は七つある。

一番低いのは――断言しちゃうけど――スリープ（sleep）。死んじゃったらテンションはないから、スリープ、寝ているのが一番近い。だから何も起きない。

二番目がリラックス（relax）。リラックスというのはイメージ的には、さっきの話で言うと出会いを全然求めていない。朝起きてボーッとしている状態と思えばいい。自分が誰かぐらいはわかっている。だけど何をしているかわからないような身体で、どこへ行くかもわからないような状態。朝、いきなり冷蔵庫を開けてみることはあるけど、何で開けているかもわからない。だから、そのまま閉めちゃう。

鎌田　あは（笑）。

野田　なんと言うか、リラックスというのはそういう状態。ここでは他者の肉体と出会いようがない。その人間としか出会っていない。そういうシーンをつくることはできると思うけど、出会いようがない。

テンションの三番目というのは、ニュートラル（neutral）。このニュートラルでもまだ、出会いはなかなかない。これは芝居でよくある、人を邪魔しないテンション。役者ってだいたい目立ちたがり屋だから、例えば椅子をそこに運べって言ってるだけ、人にわからないように運べって言っているのに、それがなかなか難しい（笑）。ニュートラルというのは最も効率的な動き方で、エコノミカルなものだね。主張してはいけない。その人が気になっちゃいけない。お能とか歌舞伎でいうと、後見という方がいるよね、後ろに控えている。ああいう状態だと思ってもらうといい。「無」とは言わないけど、例えばここからそこまで何か持って行くなら、単純に持って行く。置くときも効率的にエコノミカルに置く。これがニュートラル。

鎌田　うんうん。

野田　四番目のテンションはアラート（alert）、日本語では「警戒」で、このあたりから演劇的にはおもしろくなっていく。どんな感じかというと、この場所で事件が起きているのではない。遠くで何かが起きている。だから「ん？」と。ここではない。その身体ってやっぱり変わる。だからこのへんから演劇的な事件が身体に始まって、もう一人が来るとそこで芝居が始まる。つまりそこの人とすれ違う瞬間に、「ん？」ってちょっと見合うだけでも、「何か知り合いだったかな」みたいな、そういうことから一つ始まっていく。演劇のおもしろいところは、やはりこのへんのテンションあたりからだね、一般的には。もちろん逆に、リラックスだけでやる芝居というのも存在はすると思うけど。

その次、アラートの次はサスペクト（suspect）。これは完全に「疑い」だから、目の前に事件があり、何かがある。だから身体ははっきり目の前のその人を疑っている。例えば握手しようとして、何か怖いから、「ああ」って、こう。つまりここにあるものが疑い合っているので、非常に強いテンションヨン。さっきのすれ違うときの「ああ」っていうのとはちょっと違うのね。

それで六番目になると、パッションション（passion）という、これは「怒り」とか感情を出すやつ。だから「ワーッ！　オッ！　ハッハーッ！　アーッ！」というやつね。これはもう見ていて楽しい。ただやっている方が疲れる。だから高いテンションはやり続けられない。芝居でずーっと二時間やっていると疲れるので、いろいろテンションを変える。ただ、テンションは高いほど面白い。大声だと面白いのね、人間の心理として。高いテンションというのは演劇にとっては、ものすごく大事なもの。

鎌田　そういえば『THE BEE』のセリフのパフォーマンス。禿鷹の話でわかりやすかったけど。

野田　そう。これ本当は『銀巴里』なのを『倫巴里《ロンパリ》』ってして、「『倫巴里』の看板が現れる。すべてが、豪華なものに変わっていく。緊張した面持ちで、『倫巴里』の扉を開ける。と、『倫巴里』のマスター、半・陰陽が、シャンソン歌手たちを集めて話をしている」。この後の半・陰陽のセリフは絶対に大きい声で読んでほしい。これ、小声で読んでもそんなに面白くなくて……。

絶対に、化け物カラス。あたしたちが知っているカラスって、このくらいじゃない。それが胴体だけでこのくらい、胴体だけでよ。で、そこからこんな風に折れ曲がった形で太い首がでているの。そして、折れ曲がった鼻、もう禿げ鷹みたいなの。いやカラスだから禿げてはないのよ。でも禿鷹みたいなカラスなの。禿げてない禿鷹……え？　それって、鷹ってこと？　違うのよ、カラスなの。禿げカラス、でも禿げてないの。禿げてない禿げカラス……え？　それって、カラスってこと？　違うの。化け物カラス。あたしと目が合った。そして、あたしと通じ合った。

これは絶対に大きい声で喋らないとダメ。この真実は二〇代の頃に見つけた。だいたい一九九〇年代から、日本の演劇はちょっと「シャウトするな」って方向に一時変わってしまって、こういう演技体が否定されるようになったけど、やっぱり演劇の真理としてはね。今のセリフは一分くらいだと思うんだけど、それだけで疲れるので、ずーっとはできないんだけど、やっぱり演劇を志す人だったら、大きい声でシャウトできる能力、これは非常に大事なことだと思う。

テンションの話は、スリープから大声のところまで、このテンション六ぐらいまでかな、すべて自分一人の身体でやっていて、これって実は人間の思い込みだけでやっている、俺は。そうに違いない、と。だから今のことは本当かというと、嘘かもしれない。でも演劇というのはそういう正体で、だから他人との出会いのときに感じるものというのも、全部思い込みだけなの。だから演劇は、非常に危ういけど、不思議なことにその危ういものが本当のものに見える瞬間がある。これが演劇の魅力。これがない舞台はあまりおもしろくないと、俺は思っている。

鎌田　なるほど。そして最後の七つめが「隠し玉」ってわけで……。

野田　七つ目はパニック（panic）。パニックになると、今度は動かなくなってしまう。だから演劇のラスト。ちょっと気が狂った、正気じゃないもの。『THE BEE』の最後のシーンとか。紙を全部引きちぎって、ゴミ屑のように舞台そのものを捨てるということで、そこに蜂が群がっている。そのときの俺（サラリーマン・井戸）の表情ね。実は、ほとんど動かない。奥歯だけを噛《か》みしめている。

鎌田　うん、怖かった。

ミスからチャンスへ

野田　俺の場合と言うべきなのかもしれないけど、ほとんどいつも偶然を待っていたり、偶然を引き込んだり、思いつきを持ち込むことで、四〇年くらい芝居を書き続けてきたんだなと、改めて思う。

鎌田　そうそう。やっぱり偶然というのは演劇にとって本質だなと、僕は聴いてて思った。だから、すごくいいテーマで講義されたと思いますよ。

野田　うん、そう。そういうことだよね。

鎌田　一番おもしろかったのは、ミスは必ず起きるものだということ。だから、逆にそのミスを使っちゃう。つまり、ミスをチャンスに変えるって言葉。

野田　そうなんだよ。役者は舞台上でセリフとか動きとかをやる中で、まあ見ている人にはわからないんだろうけど、パーフェクトな日は、まずない。必ず間違っている。細かいところを言うと、語順を間違えていたり、日本語の場合は「私は」と「私が」の話し方があるので、微妙に変えちゃったり、変わっちゃったりしてさ、完璧にやっている日はまずない。ということは、演じている二時間なりには、常に間違いを利用して生きようとしているというか。演劇はよく一回性というように言われて、それはその一回しかやらないものということで、映画と比べるとはっきりわかる。映画は、公開する初日に、もう俳優はミスをしない。当たり前の話だけど、もう撮り切っちゃっているから。初日にもミスは起きないんだけど、芝居の場合は、毎日必ずミスが起きて、それをいい方へもっていくというのが、我々の仕事の半分ぐらいだと思う。

『足跡姫』（2017年）（撮影＝篠山紀信）

もう少し進むと、ミスをしたかのように見せる。そういうのを一番、お客さんは喜ぶんだね。わざとセリフをロレッたりとか。一回それがうまくいくと、翌日もわざとそこで口が回らないようにと、そういうのも使って引き込んでいく。その、ミスをチャンスに変えるというか、なんか書店に山積みされている実用書の題名みたいなんだけど、ミスをチャンスに変える鉄則なんだよね。

それから accidentally on purpose というのがあって、わざと偶然が起きたように見せる。そういう方法として、例えば二〇一七年の冬にやった『足跡姫』という芝居がある。戸板――雨戸のデカイようなやつ――を三つ置いていて、そこに一人が逃げ込んで、戸板が倒れる（前頁写真）。お客さんはそのとき、間違って倒れたとしか思わないのね。で、その瞬間、ものすごく嬉しいんだよ。ものすごく儲けた感じ。今日、大変なものを見てしまった、とね。実はそこを使って斬り殺すのが、お客さんは何かハプニングから物語が進んでしまったと思うのでドキドキして見てくれる。これは偶然をうまく使う方法だね。これは、実は演劇でないとできない。映像でこれを見せても、あれは偶然起きたとは絶対に思わないから。ここに演劇の正体があって、演劇というのは非常に偶然性の横にくっついているもの。『足跡姫』のその場面はそれを使った例だね。

鎌田　なるほど！

出会いという偶然

鎌田　で、わざと偶然に起きたように見せるって、だんだんエスカレートしていくじゃないですか。

「確信犯」という言葉があるけど、野田さんの演劇って確信犯が次から次へと上塗りされていく。そのうち、最初は何だったっけ？　ぐらいになっていく。同じことは、言葉遊びにも当てはまるんですよね。最初は単なる言葉遊びだったのに、偶然発した言葉がだんだんメインになっていく。最初はおちゃらけて言ってたはずが、本流のテーマになっちゃったりとか。

野田　そうなんだよね。『小指の思い出』で指紋とアイデンティティの話は少ししたけど、もう一つ、カスパー・ハウザーという名前が結びついてる。今でも「生まれか育ちか」「遺伝か環境か」みたいなテーマはあると思うんだけど、つまり狼に育てられた女の子と一緒だよね。あれは結局、狼に育てられたから人間性がないという説と、環境によって人が変わるんだということ。カスパー・ハウザーはある時代はとても知られていた正体不明の人で、この人は皇太子だったのに監禁されて人間の文明と接することができなくて、そんな風になったのだという説や、まったくの詐欺師だという説も出たりした。で、「正体不明」というのが『小指の思い出』の最初の方のセリフにあるんだけど、「誰だいお前。」「正体不明。」「名前溶けちゃったの？」「かき混ぜたら溶けちゃった。」「お前の名前、インスタントだったの？」「そんなこと思い出すととんでもないことをやりそうで」、と。こういうところから始まっている。これは、正体不明の男と行方不明の少年が語り合うところなんだけど、実はカスパー・ハウザーというのは最後、雪が降っている公園で殺されて、だけどどういう経緯で殺されたのかわからないままの人。その正体不明な感じがずっとひっかかっていた。

ああ、そうだ、指紋はファンレターだな。そのとき俺はまだ二〇代だったから、ファンレターをい

『小指の思い出』（1983年）

っぱいもらえる時代だったのね。それである日、ファンレターを読んでいたら、指紋のことを書いてきた人がいて、「指紋って確かに自分だけのものだな」みたいなことで、そこには指紋が迷路か糸か、そんなような話が書いてあったかな。そこで、その糸がもし切れて、スルスルスルッと空に延びれば、つまり指紋が切れてなくなる、スルスルスルッと延びるにつれて、自分というものがわからなくなるという論理が何となく浮かんで、それが凧糸でいつの間にか天国へ……と、そういう妄想に憑かれたというか、そんな思いつきが出てきた。そこから始まって、カスパー・ハウザーと結びついた。

鎌田　なるほどね。

野田　だから『小指の思い出』では、粕羽法蔵という日本の少年が車に当たって死んだという事件があって、そこはなかなか明かさないんだけど、その母親が粕羽聖子というのね。この粕羽聖子が「妄想する一族」の女だった。その女の仕事が当たり屋なの。我々の世代は知ってるけど、当たり屋って、子どもを車に当ててお金を稼ぐようなやつ。そういう話につくった。それが妄想の中で中世と現代を往き来するの。中世の魔女狩りの時代。魔女狩りをされて、最後にどこへ行けばいいのか。そのときに、「ん？　当たり屋という言葉は聖書に出てるんじゃないか？」と、なんかそういう勘が働いて、調べたの。そうしたら聖書の中に「アタリヤ」という、魔女に値する女が見つかったわけ。その偶然というのは、もう賭けだからね。

鎌田　ですね。

野田　でもやっぱり、そういうものに出会うか、出会わないか。まあ、偶然なんだけど、そういうところ。もし出会わなければ、やっぱり話はまた違うところに行く。そういう意味で言うと、物語が絶対にここに行き着いているかどうかというのは、本当にわからないもので、そういう見つけ方をしているから、誰もが予想しないところへ飛んでいけるんだということでしょ。指紋が取れて凧糸になってという、その凧糸のイメージがもう、魔女狩りにあった女が凧に乗って、アルプスを越えて妄想する人間、「もう、そうする」しかない一族は、アルプスをそうやって妄想の中で下っていくんだ、というところで終わる。そういう物語が見つかる、そこへ行く絶対的な自分の確信を持つには、その聖書の中の「アタリヤ」とかを見つけないと、なんかダメなの。本当は見つけなくてもいいのかもしれないけどさ。そういうことが二〇代のときの癖みたいなものなんだよ。そこまでやらないと、書いた気になれない。それを見つけた瞬間に「よし、決まり」みたいなことになるんだな。

鎌田　中井英夫さんの話でもそういうことがありましたね。

野田　そうそう、『虚無への供物』。

戯作における偶然

野田　プロットとか題材を思いつく瞬間というのは、天から何か降ってくるのを待つような瞬間で、これは本当にハプニング、事故に近いものがあって、それがチャンスとして降ってくるかどうかなんだと言ってもいい。それが中井英夫（一九二二〜九三）さんという作家の話で、『虚無への供物』という、いまだに日本の三大推理小説と呼ばれている素晴らしい作品がある。その中井さんと生前お会いしたときに聞いた話なんだけど、『虚無への供物』というのは壮大な推理小説というか、非常に不可解な文がずっと続いていくので、ここで終わったな、すべて解決したなと思って間違いないのに、わざわざ崩して次の解決策を出していく、ちょっとびっくりするような話。中井さんはそれをやり過ぎたために、最後どう終わらせていいか自分自身がわからなくなった。で、ある日、中井さんは「今日、朝刊で自分が何かを見つけて、プロットが生まれなかったら、もうこれはダメだ」と思ったらしい。そしてその朝、新聞を広げたら、洞爺丸事件だった。俺が生まれる少し前、一九五四年に青函連絡船——今はもうないけど、青森と函館を結ぶ船——が沈没するという大変な事件が起きた。その記事が載っていて、中井さんは聖書のカインとアベルを思い出して、兄弟の憎悪の話にして、そして洞爺丸事件として終わらせるというのを、そのときにすべて……。いま読むと、そのラストシーンなんかは最初から仕組まれているかのように素晴らしい話なのに、実は最後の最後の偶然を待っていた、思いつきから出来ていたという作品。

鎌田　最後が決まらなくてずっと悩んでいたというやつですね。でも、野田さんだって、最後をまとめるのにすごく苦労することあるでしょ？

野田　まあ、中井さんと一緒にしてはいけないんだけどね。さっきの太子堂で見つけた古本屋の戦場カメラマンの話もそう。それ以外でも、さっき出した「禿鷹の禿げカラス」の話なんかは、実は俺は芝居を喫茶店で書くんだけど、そこで書いていたら、隣りで禿鷹の話を始めたやつがいて。テンションは別として、内容は意外にさっきのに近いのね。「絶対に、あれ、絶対にカラスじゃないんだよな。禿鷹、でも禿げじゃないんだよ」と、そこまでずっと喋った。それが俺にはおかしくて、自分が書いているものを途中で止めて、それをずっとメモしてた（笑）。これはたぶん、その書いている芝居『ＭＩＷＡ』の中のゲイバーのゲイたちの喋るシーンの話としては最高だなと思ってさ、実際に舞台でもそのシーンは盛り上がった。

そういうことが意外にたくさんあって、一昨日はカフェの隣りでおばちゃんが「財布を忘れる日って、疲れてることが多いよね」というセリフ。これがすごく心に沁みて、ノートにメモした。これは使えるかどうか、まだわからないけど、何となく「そうか、財布を忘れる日って疲れてることが多いか」というので、何かじわっと沁みた。まあ、いつかこっそり使うかもしれない。

鎌田　こっそりね（笑）。

野田　そういう小さいのもあるんだけど、大きいのでは、さっき話した『Ｒｉｇｈｔ Ｅｙｅ』。それから、一九九九年の『パンドラの鐘』という芝居で、これは俺、ロンドンで書いた。その頃そっちで書いていることが多くて、大英博物館の横のところに住んでたの。『パンドラの鐘』を書くとき、「いつも大英博物館のそばにいるのに、なんでこんなに行っていないんだろう」と気がついた。大英博物館というと、ミイラとかがあって、どうせ見ても「あー」とか言うだけだよなとか思って、それであまり行っていなかったのね。でももし毎日行って、毎日一部屋か二部屋念入りに見て――もうこの時点で、すでに偶然を自分に呼び込もうという気持ちが働いているんだよね――そうしたら、どういうふうに物語が変わっていくだろうと思って、やってみた。二部屋とか三部屋ぐらいかな、一日に見て、書いてあるものを熱心にメモして。最初のとっかかりになったのは、多分西アジアのほう、小船が置いてあって、釘のようなものがあったような気がした。それで、思いついたのは、もしも古代学者がたった一本の釘を見つけて、そこから色んなものを想像して、船に見えていたものが実は王様の棺であることを発見する……なんていう話はどうだろうと、そこから書き始めたのが『パンドラの鐘』。それは要するに古代王国の話、女王様の話で、場所をどこにしようかと思ったときに、俺は長崎をもってきた。長崎生まれなので違和感なく。しかも俺、オペラの『蝶々夫人』が大嫌いなんだよね。あれは長崎が舞台なんだけど、西洋人の自己満足みたいな話で、そこをプロットとして使おうと思ってさ、ピンカートン夫人とかを出したりしてつくっていった。

鎌田　へえー。

野田　ところが中井さんではないんだけど、終わりの方になって、どういうところに着地点をもっていけばいいのかをずっと考えていた。で、その日はちょうど中国館に行って、巨大な鐘の前に立ったの。その瞬間に、その巨大な鐘が、なぜか原爆に見えてきた。それがファットマンかリトルボーイっぽい形だったので、その形からどっちかだな……みたいな。同時に『道成寺』という日本の踊り――お姫様が中に入っていく――その両方がサーッと浮かんだときに、「あ、これでこの芝居を書き終えられる」と思った。日本の歴史に葬られた古代王国の女王様が、古代にあった原爆の中に入っていって、そして自ら地中に埋もれていく、そのことで自らの共同体を原爆から守るという話にしようと。

ただ一つ自分の中で前へ進めない気持ちがあったのは、今こう話を聞いていてわかると思うけど、俺の劇作法というか演劇の方法というのは、非常に軽いというか、こう原爆を持ち出していいような方法だろうか、と。そこのところで「そこへ行っていいのかな」と悶々としていた。そんなときに、サイモン・マクバーニーという俺の友だちのイギリスの演出家が、「秀樹、最近何書いているの?」と聞いてきて、「これこれ、こんな話だ」と。で、「最後を原爆にしていいものか、今ものすごく迷っているんだ。自分の書く文体というのはそういうものではないしな」という話をしていたら、「いや、それはやっぱり書くべきだ。なぜかというと、秀樹でなければ思いつかない」とね。つまりある意味、偶然性の行程にあると。たまたまロンドンに来る日本人というのはやっぱり少ないし、その中に長崎生まれの人間は少ないし、そしてその人間が中国の瓶の前に立つことも少ないし、そして『道成寺』を思いつくのは、たぶん俺がそういうものを知っているから。そういう偶然性が重なって、その一点で思いついたことだから、誰も書かない。それはやっぱり書いた方がいいと。その言葉が非常に背中を押してくれた。それで書き上げたのが『パンドラの鐘』。

鎌田　そういうことだったんですね。

偶然を呼び込む

野田　『小指の思い出』に関連して、もう一つ話そうと思ったことがあって。

鎌田　うん。

野田　若いときに俺がよくいろんなところで話したことがある、五十音の神話というのがあるんだけど、これは実は「あいうえお　かきくけこ」という、これもほとんどデタラメの世界。

あいうえお
かきくけこ
さしすせそ
たちつてと
なにぬねの
はひふへほ
まみむめも

やゆよ
らりるれろ
わをん

一九八〇年頃は、自分の書いているものが非常に表層的だと思ってた。で、今でも入試なんかそうだと思うんだけど、「この作者の言いたいことは何ですか」とか、そういうのがある。つまり本質とかテーマ主義というのはいまだに消えていないと思ってて、やっぱり本質が強くて表層はダメだ、ツルツルした皮膚的なものはダメだという考え方がある。で、表層、皮膚とは何だ？　どういうものか？と考えこんでいた時、あっ！　皮膚は五十音のここにあるんだね、「はひふへほ」。そう思いついた。この表層的な思いつきを深めてやろうと思って考え出した話。

鎌田　あ、そういうの、野田さん、前にも言ってたの聞いたことある気がする。

野田　例えば「あいうえお」の中で、これは有名な話だけど、「あい」で始まっている。「あい」で始まっている話をどういうふうに組み立てていこうか、というでっち上げを考えて、そのときに「あい」の行為って、要するに性行為。愛欲の行為には目的がある、テーマがあるとするとそれは生殖のためという考え方だろうと。

ところがちょうどそのときに、俺は『夢の宇宙誌』という澁澤龍彦さんの本を読んで、非常に感銘を受けていたものだからさ。その中に「アンドロギュヌスについて」というのがあって——『夢の宇宙誌』、これ、本当に素晴らしい本だから読んでほしい――そこにゾウリムシの生態について書かれている。アンドロギュヌスは男性と女性の両性具有で、神よりも力を持ち非常に傲慢だったので――これを語ったのはプラトンで『饗宴』の中にある話だけど――ゼウスの神様がアンドロギュヌスを真っ二つに切って力を削いだ。それで男と女に分かれて、人間ができた。分かれて半分の半身になってしまったから、「こっちに来い、こっちに来い」と「恋」をするんだと。これは少し俺が盛ったけどね、恋の話は。ただ、恋愛という愛の飢求はそれによって生まれたという、そういうプラトンの話が、この「アンドロギュヌスについて」の中に書かれている。

そこに、愛というのは二つの存在が呼び合う行為で、生殖だけが目的じゃないんだという話が書かれていて、ゾウリムシの生態について出てくる。ゾウリムシは最も単純な単細胞の生き物だけど、あれは自分一匹で増殖するので、生殖行為は一切しない。ところが、ゾウリムシには「接合」という奇妙な行為があって、何をやるかというと、二匹のゾウリムシがくっついたまま突然止まって、見た目では何も起きていないのだけど、実は細胞の中でお互いの半分ずつを取り替え合って、そして終わると離れていく。その一匹ずつは以前の形と変わっていないので、いわゆる生殖行為ではないわけ。そして何かを生み出すわけでもない。では何のためにそんなことをするのか。最も単純な生き物が他者を求めてくっつき合う、そこに奇妙なものを見る。つまり存在として、存在の飢えというか、生きている上での存在の飢えがあると。そこに俺は、五十音の「うえ」を見つけた。で、「あい」に「うえ」る存在、それが人間なんだ、というような物語を始めてみたの。

これは全然デタラメな話なんだよ。だいたい生殖行為というのは、このへんの「さし」とか「たち」とか「なに」という、このへんに性行為が集まっていて、「かき」も、場合によってはちょっと想像すれば性行為かなという（笑）。このへんあたりに「あい」の行為、性行為があるの。で、またこの「あい」の「うえ」という存在、愛に飢えているというその存在をつなぐもの、ここに「いう」という言葉が見つかって、「ああ、これ。なかなかいい話かもしれない」と思って、ちょっとつなげていったの。すると（あ）「いう」（えお）の横に、ちゃんと（か）「きく」（けこ）人がいて、ここに「あい」の横に「かき」つまり書く人もいるし、「いう」「かき」「きく」と。人間という存在は「愛に飢えて、言って聞く」その横には、「しす」がちゃんとあって、人は、愛に飢えて、言って聞いて書いたら死んじゃうんだと、「ああ、こっちの方向に物語が続くといいな」と思った。

で、「いう」「きく」「しす」とくると、ちゃんとその「しす」の横、ここに「ちつ」という、性行為からつながっていくんだけど、いわゆる胎内回帰だね。人間の存在がこっち側にずっとつながって、膣《ちつ》に行く。で、俺は「ひふ」まで来たかったんだけど、ここに難物の「にぬ」という訳のわからないものに出会ってしまった（笑）。このときに悩んだんだけど、恐るべきこじつけで、「ニルヴァーナ」という、「にぬ」ではないけれど、涅槃《ねはん》ね。「にぬる」でいいのではないかということで、ここに涅槃をもってくれれば、確かに胎内回帰が涅槃まで行っている。それで最後、戻っていった一番奥深いところに「ひふ」が見つかると。

鎌田　ふんふん。

野田　まあ、これだけでは何で突然、皮膚だという話になるので、そのときに「ひふ」というのは縦の行に注目した。これからちょっと発生学の話になるんだけど、「ひふ」を挟んでいる「は」と「へ」。「は」すなわち「歯」、それから「へ」これは、肛「もん」。生物をやったことがある人はわかるけど、先に口が生まれるか、後に口が生まれるかで生き物が変わるじゃない。先口動物か、後口動物か。後口動物ということは、口の代りに肛門が先に生まれるってことだよね。だから二つの口は非常に重要で、発生の中では一本の管だから、上の口と下の口。これが胚という状態。それがどんどん進んでいって、生き物になって生まれてくるわけ。

で、皮膚というのは発生の段階ではどこにあるかというと、実は内側にあるの。ゴム鞠をベロッと剝くようにして、皮膚というのは内側、本質がある内側にあったものが表に出てくる。つまり皮膚というのは、本当は本質なのだ。それが発生の途中で表に出てくるのだ、ということを見つけ出して、「これは解決したな」と思った。つまり皮膚というのは、非常にツルツルしたものであったり、横滑りなものというのが、実はとても本質的なもの、我々の本質なんだと、あるいは言葉の本質だと。

例えば俺がいま話そうとしている言葉だって、実はどこに行くかわからなくて、だいたいのことは決めているんだけど、そこに着地していくかどうか、俺にだってわからない。みんなもそうだと思うんだけど、喋ったり書いたりするときに、いつのまにかこう滑っていって、「あれ、俺はそんなこと言いたかったのかな」「俺はそんなこと書きたかったんだっけ」というところに落ち着くのは、これは普通のことなの。言葉の本質というのは、言葉にテーマがあるのではなくて、書いたり、言ったりしていくうちに、こう滑りながら変わっていくんだという、そこに皮膚という重要さがあるのだということを、まあ、その頃考えていたんだね、二〇代。

鎌田　なるほどね。

野田　で、実は『小指の思い出』の中で、「はひふへ」に続く「ほ」の話がある。『小指の思い出』は言葉遊びでつづられた物語なんだけど、妄想の一族と、現実の一族とのお話みたいなもので、しかも妄想は「もう、そうするしかない一族」という、そういう言葉遊びでつづられている一族。で、その「もう、そうするしかない一族」が現実からどうやって逃げるかという手段として、この歯磨き粉を皮膚にぬると、いわゆるトランス状態になり、さっき言った凧の話で、自分がわからなくなって、天の上にスーッとトランス状態になっていって、現実から逃避するという物語。そこで結局「ほ」は、歯磨き粉の「は」から皮膚にぬりこみ、それから「ほ」に行って、ここで凧を「帆」にすればいいんだ、ということでこの物語はできあがった。

鎌田　「帆」にする、「ほ」。

野田　そうそう。凧を帆にしてアルプスを下って行く、という物語が見つかる。だから『小指の思い出』だけを読むと、「何だ、これ?」と思うんだけど、意外にその裏にあるものというのは、こういうことを考えながら、いろいろなものと出会って偶然を呼び込んだりしてつくり上げたということ。

演出の偶然

鎌田　「偶然を呼び込む」というのがすごくいいキーフレーズだと思うんだけど、もう少し聞かせてください。最後が決まらなくて悩むっていうのは、古今東西の演劇、やっぱり誰でもそうなのですか。それとも野田さんだから？

野田　芝居をどう終わらせるかを苦しむのは、あらゆる劇作家のことだとは思うけど、ただそんなに飛ばないんじゃないかな。だいたいみんな、もうこのへん、途中ぐらいからこう終わっていこうと決めてる。

鎌田　もうエンディングが見えている。

野田　見えるんじゃないかな。だけど俺はなんか……中井さんの本が好きな理由は、「えっ、見えたはずなのに、まだ見えなくしちゃったね」ということが非常に体質的に似ている感があるから。

鎌田　昔、アルベール・カミュとか不条理劇とかがはやってたでしょ、僕らの時代は。でも、不条理じゃないんですよね？

野田　不条理とはまた違うね。

鎌田　やっぱり違う。では、ちゃんと着地点があって、観客がなるほどなって腑に落ちるところにはもっていく。

野田　でも、なんかそこがあるな。つまりさっきも言ったけど、自分が考えつくことなんか、しょせん一人の人間が考えつくこと、行き着くところっていうのは大したことないんじゃないか、というのはずっとあるのかもしれないね。

鎌田　うんうん。

野田　だから他の人間と作業する。装置家なら装置家で、やっぱり喋っていてもいちばん、装置については、美術に関しては素晴らしいと思うし、そこからまず聞きたい、ヒントをもらいたいと思う、そういうこと。先に思いついて、「もう絶対今回のセットはこう」というときも、ときどきはある。もう絶対に紙でいきたいとか。でもそれはワークショップを重ねて、消費した素材を使いたいからということで、そういうときは決まるけど。

鎌田　ワークショップでたくさんの実験をして、「これだ」ってだんだん決まっていくんですか。それで、「これでやるぞ！」という。

野田　そうだね。例えば『THE BEE』で紙を使ったのは日本で、実はイギリスで英国人とやったバージョンのときは紙を使っていないの。そのときは東ドイツ出身のすばらしい女性の美術家ミリアムと仕事をして、彼女が出してきた案が——俺は紙と思っていたんだけど——蠟《ろう》を……蜂蜜のようなものを固めた舞台の素材をもってきた。下が半透明に透けて見えて、その中にモノを埋め込もうと。それはちょっと日本人の美術家と仕事をして出てくる感覚ではなかったので、俺はやっぱりそっちに乗っかろうと、せっかくイギリスに来てこういう美術家とやるんだからと。で、「俺はそれでいいよ」と言って。あとそこに、後ろがただの蠟だったので、それをマジックミラーにして、人がいてその奥にもう一つ鏡を立てたら、ちょっと見たことがない繰り返しの絵になるんじゃないか、という話を提案して、ちょっとやってみようと言ったら、それがとてもうまくいった。もう人が歩くだけでバーッと虚像の世界が見えてくる。

鎌田　へえ、イギリスでやった『ＴＨＥ ＢＥＥ』はそうなのね。

野田　それで今度、日本の役者と日本バージョンをつくろうと思ったときに、それを堀尾幸男さんという舞台美術家に言ったときに、きっと根本的に変えないと、俺が演出的にイギリスのやつを真似ると思ったの。

鎌田　ああ、なるほど。

野田　人間ってうまくいったものは、真似るじゃない。

鎌田　うん、そうだそうだ。

野田　それで紙でいきたいと。どこかカフェで話してて、そこに紙のナプキンがあって、「要するに紙……こんな感じか」ということで、それでもう一発で決まった感じだった。

演出家って、ほとんど偶然を呼び込むためのことをやるような仕事でさ、そうじゃないと考えている人がいるけど、意図どおりにやる演出というのは、やはり舞台が活き活きしていない。だから『ＢＥＥ』で使った素材は紙で、あと子どもの指の代わりに鉛筆を使っている。紙というのは、実は思ったとおりには動いてくれなくて、毎日破け方も違う。演出家にとって素材っていうのは、思った以上に大事で――俺が演出するときは、と言うべきなのかもしれないけど――むしろ役者がコントロールできないものを使った方が、毎日ドキドキするというかね。例えば屋外で大きい布を使う。そうすると風を孕むので、その日によって全然違ってくる。それも含めて一つの生き物だというふうに思う。

シンボルを導く

野田　『THE BEE』の鉛筆については、ロンドンでのワークショップの経験があって、都会で――東京でと言うべきなのかもしれない――生きている人は、冷蔵庫を開けると食べるものがあると信じて生きているけれど、実は食べるものというのは本当はそこで産まれてはいないわけで、そういう消費文明に我々はもう完璧に浸り切っていて、あるのが当たり前のことのように思っている。毒されている。いろんなものをどんどん使ったり食べたりする、その over-consumption というのか、そういうものに着目して、イギリス人とワークショップを重ねたことがあった。

その中で、紙と鉛筆と卵を無駄に消費するということをやってみた。とにかく卵を割り続け、食べもしない。それから鉛筆をただ削り続ける。何かそこに罪悪感も出るんだけど、今の消費社会の中で、人間がやっていることのひどさみたいなもの、自分たちはどんどんそうやって消費して世界を食いつぶしているんじゃないか、というイメージをもってつくり上げたのが、この『BEE』という作品なのね。で、卵も考えていたんだけど、卵を紙の上にやると汚いんだよ。それで卵は次の『エッグ』って芝居の方に持っていった。そういうのがきっかけ。だから最初から鉛筆ありきではない。でも紙と鉛筆ができたので、基本的には文房具系のものをいろんなところに使うべきだ、ということになって、輪ゴムをいっぱい使ったり。

鎌田　ふーん、そうですか。で、紙を使ってみた感想は？

野田　発明に近い出来映えになった。というのも『THE BEE』っていうのはさ、事件が凄惨なひどいものなのに、それが今の世の中ではひどい事件が起きても、明日にはこうやってポンと捨てて、はい次の事件というような感じで。だからその最後をバーッと登場人物たちも大きな紙という道具にくるまれてちぎられて紙くずとして捨てられる、そこに蜂がバーッと——蝿のようなイメージだけど——群がったところで終わるというのは、まあ、紙の方がより『BEE』を表したな、この作品に象徴的だったなと。

鎌田　なるほどね。

野田　まあ、蠟は蠟でまたおもしろかった。下に事件に使われる小道具と同じものを先に埋め込んでおいて、それは使わないんだけど、何のシンボルかというと「この事件は前にもありましたよ」と。つまりすでに起きているんだ、その繰り返しという、そういう象徴的なことでね。

鎌田　そうか。埋もれているものが、実は時間を表していると。

野田　表している。

鎌田　はあー、おもしろい。

野田　だからどっちもシンボリックなんだよ。でもそういうのも、おそらく最初から全部決まっていることではない。ものをつくるときはいつもそう。

人＋Cを解く

鎌田　紙にしても蠟にしても、何か皮膚的なものが登場しますよね。僕は野田さんの話のキーワードの一つが皮膚だと思うの。「皮膚感覚」っていうようなものね。だから野田さんの話には構造が見える。歴史の本質があって、近未来があって、表層があって。その表層はきわめて皮膚的でツルツルしたもの。普通は本質が大事で、哲学でも科学でもなんでも本質に突っ込んでいくけど、野田芝居はそうじゃない。演劇というのは本来ツルツルした表層だ、というのが非常に印象的だった。表面の皮膚の方がずっと大事。

野田　やっぱりこうメビウスの輪じゃないけど、その表面をずーっと横滑りしていってさ……。

鎌田　うん、横滑りね。

野田　そうするとなんか、俺の場合はだいたい円環構造という、元に戻って来たりするような感じで……。それは非常にメビウスの輪的ではあるんだよな。二〇代のときはそんなようなことを思っていたと思う。

鎌田　そうか、野田さんが生物の話に熱中していた頃……。

野田　発生学。

鎌田　発生学とか、わりと生物に考えの軸がある感じだよね。僕も自然科学の中では生物にも非常に関心があって、専門の地学とくっつけていつも考えている。一方で科学には、数学という全く別の世界があると思うのね。さっき「メビウス」って言ったけど、まさに数学だよね。普通、芸術家って数学的なオタクになるか、生き物オタクになるか、どっちかに片寄ると見てるんですけど……。

野田　数学的なオタクというのは……。

鎌田　物質的な現実から逃避する人っていう意味（笑）。

野田　ははぁ。でも今のをもっと言うと、トポロジー（位相幾何学）って数学にあるでしょ。

鎌田　はい、はい。

野田　つまりこう「両面」とか言って、それでボンと飛ぶわけ。だからそれは非常にメビウスの輪的なところがあるかなと。

鎌田　ああ、そうか。そんなこと考えてるんだ、へえ。

野田　まあ、どのくらいその世界を理解しているかわからないけど、そういう本を読むと、勝手にそういうおもしろさを感じるんだよな。

鎌田　数学ってね、非現実的な世界をまじめに語るからおもしろい。例えば実数・虚数とか、ユークリッド・非ユークリッドとか、当たり前の現実をパッと論理でひっくり返すでしょ。で、この奥に壮大な世界が広がっている。野田さんの演劇を見ていると、その当たり前の情景から突然言葉遊びが始まってすべてが壊れてゆく。それがすごいと思うんです。例えば『ＭＩＷＡ』の場面、突然アンドロギュノスが現れたり……。

野田　安藤牛乳ね。

鎌田　そうそう安藤牛乳（笑）。いきなり非現実を持ち込んでくるから、僕はある意味で数学的だと思うわけ。でも野田さん、今日は生物、生物ってずっと言うので、そっちの側面を改めて知った。野田芝居の幅広さというか。

野田　ああ、なるほどね。

数学的に解くおもしろい遊びがあってさ、微分と積分、不定積分て、戻しても「＋C」がつくでしょ。つまり人を微分して……例えば化ける人になったとすると、今度は化ける人というのを積分して、人だけに戻るかというと「人＋C」になる。

鎌田　ははぁ、余りが出ちゃうね（笑）。

野田　うん。で、この「C」は何だというときに、俺は「間《ま》」だと、つまり「人間」なんだよ。

鎌田　ああ、「人」の「間」ね。

野田　で、「人間」ていう、その化ける人は、つまり積分すると「間」を持った「人」、まさにそれは役者なんだ、という。

鎌田　あっ、これはおもしろい。

野田　これ、朝日講座では時間がなくてできなかった遊び。

鎌田　そういう遊びをワークショップへ持って行くと、みんなでワーッと作品が出来上がっていくということ？

野田　うん。まあ、そういうことだろうね。

舞い降りたＢＥＥ

野田　『ＴＨＥ ＢＥＥ』のポイントはやっぱり蜂なんだけどさ、犯罪者が人質を取って中に籠もったときに、被害者というのは――世の中でも起きている、北朝鮮なんかもそうだと思うんだけど――支配されるときに人間が恐怖心を持つから、本当は逃げるチャンスがあったり、やっつけるチャンスがあるのかもしれなくてもできない。だって北朝鮮なんか、たった一人の男なんだから、一〇〇人ぐらいで襲いかかればさ。でもみんなはもう恐怖感の中にいる。できないという恐怖の中で生きるわけでしょ。それで『ＢＥＥ』の中にある犯罪者がいて、人質を取ったときにガンを持っている。ここでちょっと二つのことを話そうと思っているんだけど。

鎌田　はい。どうぞ、どうぞ。

野田　一つはね、あの物語の中で重要なポイントは、犯罪者が、恐怖を植えつければ銃がなくても支配できると気付く瞬間があって、人質の前に銃を置いてわざと離れるの。一回だけそこに逃げるチャンスをあげるのだけど、人質の女は、手に取るんだけどやっぱり撃てないんだよ、普通の人間だから。その段階でもう決まっちゃう。で、一つ段階が進む。ただその中に、それもやっているうちに思いついたことだけど、何かもう一つ、何か思いつけないかなというときに、蜂がその物語に……なんで蜂が出てきたのかは、覚えていないなあ。ある朝、朝であることは間違いないんだけど。この男は……すべて支配していると思い込んでいる男にとって、実は蜂がこわい存在だったら、という思いつき。その蜂が、閉じ込めて閉鎖した中に紛れ込んでいく。男は最初は蜂をなんとかコップの中にポンと入

『THE BEE』（日本バージョン，2007年）（撮影＝谷古宇正彦）

れてへっちゃらでいたのを、ずっと人質を取っている間に忘れちゃって、これを開けちゃう瞬間がある。それによってまた恐怖が出てくるという。そこに……人間が持つ恐怖感の話に「ＢＥＥ（蜂）」を思いついたときに、「あ、この物語は恐怖について語るんだ。人が何を恐れるのかを語るんだ」と思った。それはその「ＢＥＥ」が舞い降りてきたときだね。それで題名も単純に『ＴＨＥ ＢＥＥ』にしたんだけど、でも見ると必ずみんなが言うのは、「あのＢＥＥはいったい何の意味だ？」と。ロンドンでも必ず聞かれて、「何の意味だったんでしょうね」みたいな（笑）。

鎌田　それは、僕なんか外から見ていても非常に不思議だった。だからこそ、「わからない」のが最後まで残って観客を引きつけると思うんです。そこまで野田さんは最初から意図したのかな、と勘ぐったりもしたんだけど……。

野田　まあ、そういうことって、何回喋っても、一緒に役者やっても、ＢＥＥが何を象徴しているのか、そういうことを含めて結局は答えは出ないし、出すものではやっぱりない。

鎌田　なるほど。

野田　他の人は違うかもしれないけど、俺は、〝演劇というのは「問い」であって、「答え」ではない〟というのを最近、確信している。だからよく質問されるけど、「これは何を言おうとしていたんですかね」という問いには、俺はやっぱり答えは言えないんだよね。だからむしろ、こっちが聞いているというか。

鎌田　何を問おうとしていたのかだけは喋ります、みたいな？

野田　そうそう、うん。というようなことなんだと。

ディスタービング！

鎌田　さっき掘り下げて聞きたかったのはね、『ＴＨＥ　ＢＥＥ』の終わらせ方に意図ってあったのか。ほら、東大の朝日講座で『ＢＥＥ』のラストシーンを皆に見せて終わったよね。で、あの時、テンションー から七までの話、はじめに一から六までやったけど、七を忘れたじゃない。で、最後、『ＴＨＥ　ＢＥＥ』のラストシーンを見せて、「これが、テンション七です。さっき言い忘れた。」そう言って講座を終えた。あれは意図的だったの？

野田　そう、意図的。実はあれは仕組まれた偶然。忘れたかに見せかけて、終わらせるためのプロット。

鎌田　あれは教室ではすごくよくわかったんだけど、劇場で『THE BEE』を見た観客には「この心どこへもっていくの?」みたいなのがあったでしょ、きっと。一方では、だからこそヒットした、とも言えるかもしれないけど。

野田　ああ、そうそう。だからそれはロンドンのお客さん。ロンドンが初演だから、そのときの最初の頃のお客さんはほとんどディスタービング（disturbing）って言う。俺は、disturbというのはやっぱりイメージとしては「えっ、いけない?」という気がしていたんだけど、そうじゃなくて、いい意味なの。

鎌田　あ、褒め言葉なのね。

野田　すごい褒め言葉なのね。もうもやもやして、いま言ったみたいに、「これ、どうしてくれるの?」という感じなの。そのdisturbingな芝居だ、というのがとにかくほうぼうから聞こえてきて。

鎌田　そうか。だから何か「答え」を与えるんじゃなくて……。

野田　掻き回されたという。

鎌田　掻き回されたあげく、「はい、これで上演終わり」。

野田　はい、帰ってっていうので。

鎌田　それね、僕にもその体験あるんですよね。授業の終わりに、学生たちはみんな、きれいな収まりを求めるわけね。市民講演会でもまったくそう。でも最近、ここ五年ぐらいかな、最後に答えのない「問い」を発するというか、本当にdisturbingで終えるのね。そうすると「今日の授業、わかんなかった」とかぶつぶつ言いながら、ちゃんと翌週も来るんですよ。つまり、じゃあ次はどんな話をするんだろうと思うから来る。それがね、あんまりきれいに終わるともう満足しちゃって、一五回もあるのに二、三回で来なくなっちゃう（笑）。

これはね、なんというか「わかんなかった」の繰り返しってすごく重要なことかなと思い始めたんです。もちろん、毎回わかりやすい講義に組み立ててるんだけど、最後まで学生たちに安心はさせない。野田さんはdisturbingな芝居で「問い」を与えるって言ったけど、僕は「予定調和にしない」というか、「想定外で終わる」と表現するのね。そもそも地球科学自体が想定外を対象にする科学だから。で、どんな場合でも、活きたコミュニケーションには予定調和にしないことが必要かなと思っているんですよ。講義はライブだし、特に演劇はライブそのものですよね。

野田　うん。そうじゃないかな。もちろん予定調和的なドラマが好きな人間の感覚というのもあるんだよ。例えば『水戸黄門』をなぜみんな好きかというと、もう最初から、どうなっていくか全部わかっていて、それを楽しんで見るわけでしょ。でも人間は、そういう予定調和的なドラマだけではやっぱり満足しきれないものがあって、やっぱりみんなが新しいドラマを探すのは、自分が「あそこへ行くな」と思ったときに、そこへ行かずに他へ連れて行ってくれるのを期待しているから。俺はその担当なんだよね。

鎌田　そう、そのトップランナーです。

第5講　人間と芝居

ワークショップの価値

鎌田　第3講のクリエイティビティのところで、その誕生に関して三つの要素を出しました。自分の中から自然に溢れ出るもの、頑張って絞り出すもの、天から突然降ってくるもの、の三つ。これに加えて、やっぱり人とつくり上げるものっていうのがあると思うんですよ。四つ目がね。

野田　うんうん。

鎌田　例えば、ワークショップがそうですよね。野田演劇の本質だと思うんですけど、四つ目のクリエイティビティはどうでしょう?

野田　ワークショップというのはロンドンでの作業から変わった……という言い方もできるけど、あでも、そうじゃないんだな。演劇を始めた二〇代の最初の頃というのは、やっぱり公演主義じゃなかった。芝居をするためだけに演劇をやっていたんじゃなくて、芝居が終わった翌日に劇団員と集まって、じゃあ体を動かそうって翌日から動いて、次はどういうものに向かっていくべきかというのをやっていた。自分たちだけで、例えば落語をやってみようとか、こういうことをやってみようとか。要するに日常の演劇的な作業というか、つまりまだ自分たちは素人という意識があったから、じゃあボイストレーニングってどういうことがあるのか調べようって、例えばプロの劇団の人を呼んできて――その当時、新劇の人だったけど――どういうふうなことがあるかを教わったり、そういうことを地道にやっていた。それが劇団の初期の頃の作業で、アングラからも宝塚からも教わった。ある意味で、それは非常にワークショップ的なんだよね。そういうことをやって「夢の遊眠社」というものができてたんだよ、ずっと。

鎌田　なるほどね。

野田　「夢の遊眠社」というのはそういうもので、俺が「夢の遊眠社」を解散した一つの原因――原因は一つじゃないけど――は、日常的なそういう作業をしない劇団は、劇団である必要はないと思ったこと。公演主義というのはプロデュース公演でいいわけでしょ。終わりました、明日から次の公演まではお休みで、自由にテレビでも出て何でもやってくださいって話になる。それなら劇団である必要はないんじゃないの、というのは三〇歳ぐらいのときにもう考えていた。解散する六、七年前から思ってたの、ずっと悶々と。

それで劇団を解散して、ロンドンへ行ってワークショップに出たら、「ああ、若いときにやってたあの姿でいいんじゃないか」と。それを自分の中で一番強く持って日本へ帰ってきて、一番最初に言ったのは、ワークショップというのをやりたいと。当時の日本のワークショップというのは、舞踏なんかはやっていたけど、お金を取るだけの、つまり稼ぐための演劇教室の小さい版みたいなものしかなかった。「ワークショップ」という言葉もそんなに広がっていなくてね。だけどそこで、俺はむしろこっちがお金を払ってもいいから人を呼んで、創作の現場をやりたいということで始めた。

鎌田　うんうん。

野田　だから「人と一緒につくる」というと、その流れが俺の中にはあるような気がする。やはり人が一人でつくるものには限界があるというか、その人の発想とか……。でも、一人だからいい世界もあると思う、もちろん。絵画なんかそう。あれ、他人の腕を借りたら大変な絵になっちゃう。そういうものもあるけど、やっぱり演劇に関しては一人だけでやるより、違う発想を突然ボンと持ってくる肉体があるってことは圧倒的に強いので、その部分で言うと、ワークショップとかそうした作業は必要なものだと思う。だから劇作家とはまた違うかもしれないね。劇作家はやはり一人でつくり、最後まで苦しんでつくり上げていいんじゃないかと。

鎌田　演出家と劇作家と一人二役――それプラス役者もあるけど――少なくとも野田さんはその二役をしてますよね。

野田　劇作家はあくまでも孤独でいいような気がする。今日これで書き終わりましたというので、誰にも相談できるわけじゃないし、むしろ他人のアイディアとかはかえって入れない方がいいわけだし。だけど演出家というのはちょっと違う作業という気がする。

身体性

鎌田　僕はね、その奥にあるのが野田さんの「身体性」のような気がする。ただし身体性ってね、プロの演劇家も含めてみんなが言う身体とは違って……。

野田　跳んだり跳ねたりじゃなくて。

鎌田　そう、見た目の体裁じゃなくてね。身体が感じとる第六感を正面から扱っているっていう点です。野田さんが『南へ』を書き上げる前に、僕がレクチャーしたときに初めて言ったことです。災害が起きる前にね、地震予知とか火山噴火予知は現実にはとても難しい。例えば御嶽山の噴火（二〇一四年九月）で六〇人も亡くなったのは、火山噴火予知の限界なの。東日本大震災でも地震予知ができなくて、ああいうすごい災害になっちゃった。科学がいかにがんばっても、観測や論理では無理なことがあるんです。複雑系なんかもそうです。で、やっぱり生命がね――ここから先、オカルトじゃないんだけど――身体が感じる第六感とかね、そういう研究も同時並行でしないと駄目なんだろうな、という話をポロッとした。そしたら、野田さん、ちゃんと戯曲に書いちゃって。

野田　そうだっけ。

鎌田　海の巨大地震が起きる前に、人間の身体にかすかな異常が出ることがある。具体的には、太平洋で起きる南海トラフ地震とかは背骨の胸椎《きょうつい》九番（一二個ある胸部の骨の上から九個目）の右三つ目の筋に出る。それから直下型地震、いま心配されてる首都直下地震なんかは胸椎四番とかね。僕がポロッと言ったら、それをしっかりと書いてるのはさすがだなと思ったね。つまりこれは最先端の身体論なの。今、メルロ＝ポンティ（一九〇八〜六一）とかの身体論から勉強し始めてるんだけど、それは科学の限界っていうのが僕にもはっきり見えたからです。やはり身体を動かしている原初的生命、三八億年を生き延びた生命、それを我々は自分の知覚の中にもう一度取り戻さなくてはいけないと思っている。そのとき偶然、野田さんとの接点がやってきた。それが『南へ』という新作のレクチャーだったんですよ。その後、できあがった戯曲を見て驚いた。僕がなにげなく言ったのを取り入れて、戯曲を書いた六カ月後に「三・一一」が起きちゃうわけね。第**3**講でも話した野田秀樹の先見性ですが、それは何なのかというのを僕なりにずっと考えている。それで思いついたのは、野田さんは錐体外路《すいたいがいろ》が特別な人なんじゃないかということ。

野田　錐体ガイロ？

鎌田　そう。ソトのミチと書いて外路。錐とはキリで、錐体というのは頭を意味する。錐体外路って医学用語で、錐体路と対になった言葉なんです。で、「錐体路」は脳から出た指令を筋肉に伝えて随意運動を起こす神経の経路。つまり、頭の意識を使った学問はすべて錐体路を使う。それに対して「錐体外路」は、錐体路以外の経路で運動を反射的、不随意的に支配する。その錐体外路にいま着目している。で、錐体路で行うのは学問だったり科学だったり巨大地震の物理的観測なんだけど、錐体外路は人間特有の第六感だったりするわけ。

野田　ふーん。

鎌田　つまり「なんで時代を先取りする作品が書けるのか」というのは、メタファーとして錐体外路の世界だと思うわけ。で、僕がテレビで知ってびっくりしたのが、先にも出た野田さんが目が見えなくなったという話。目が見えないということは、より錐体外路を働かそうということになって、感受性が増すわけです。今までは全部見えていて、すべてを錐体路でやっていたのが、あるところで突然変わる。目というのは最大の意識的な情報伝達ツールで錐体路なの。人の脳はまず目で見たもので考えるから。それが少し減ったということが、ひょっとして野田さんの本質を語る上で重要かもしれないと、僕はずっと考えていた。それを本人に直接聞いてみたかったんです。

野田　うーん、なるほど。いや、今そう言われるとさ、その時期の作品が思わぬものを呼び込むというのは、まあ……。『贋作・桜の森の満開の下』が一九八九年で、確か見えなくなったのがその後じゃないかな。その年に見えなくなった気がする。『野田版　国性爺合戦』の前だからね、たぶんそうじゃないかな。

ただ俺――いま言ってくれたのに申し訳ないんだけどさ――なんか片っぽ見えなくなると、すごく逆の勘が優れるんじゃないかとか、その当時よく言われたんだけどさ――全然、自分で生きててそんな気がしません！　相変わらずぶつかるしさ、そんなに勘はないんだよ。特に何もないときは両目が見えてるつもりで生きているから。ときどきは意識して「あっ」とか思うことはあるけど。

あと何故かおもしろいのは、後ろから声をかけられると、見えない右側から遠回りしてそっちを見るんだよな。見えてる方から振り向けばいいんだろうけど、見えない方から回るという癖ができて、これは何なんだろうな。

鎌田　それにも深い意味があると思うんですよ。「体は頭より賢い」ってのは僕がずっと追い求めているキーフレーズですが、身体がすることは全部ＯＫだと思うんです。頭って一応論理的にね、「こうやったら一番効率がいいよ」みたいに考えるけど、これが実は浅知恵なんです。でも身体はもっと深いところで動いている。たとえ今は不便でも、それには何か大きい意味が潜んでいたりする。身体の言うことに従っていると、何だかわからないけど一つ高い状況に達するんですよ。だから今の話、僕はきっと意味があると思う。

もう一つ、これに関連して「構造」と「非構造」という話があります。構造というのは我々の肉体的なものの話。お医者さんが解剖して、これは胃だとか腎臓だっていう、そういう構造。でも意識というのは構造ではなく非構造でできていて、身体とは別のところにあったりするわけね。よく「内臓から浮遊する」みたいなことを言う人がいて、この意識の動きはそれと似ている。それで最先端の身体論はこう解くんです。物体としての構造を持った肉体も、本当のありかは別の場所にあって、非構造の意識で見るとわかる。つまり、頭ではこう思っているけど、実は自分の身体が動くべき本当のところは身体の外にあったり、だからこそ「賢い体」は不便な方を取ったりする。そういうことを総称して、「体は頭より賢い」と僕は言っているんですよ。あるとき偶然これに気づいてからずっとそう思っていて、何度か本に書いたこともある（『西日本大震災に備えよ』ＰＨＰ新書、二〇一五年、『一生モノの超・自己啓発――京大・鎌田流「想定外」を生きる』朝日新聞出版、二〇一五年）。で、それをやっているのが野田さんじゃないかと思っているんです。

野田　うん。それは別に俺だけの話じゃなくて、世阿弥という人が「離見《りけん》の見」というのを書いているよね。
鎌田　うんうん、そうですね。

世阿弥の「離見の見」

野田　自分の舞の姿を離れたところから見る。俺、二〇代で世阿弥を読んだときに、「あ、これ知ってる」って思った。もうすでに知ってたんだ。
鎌田　え、世阿弥を読む前に？
野田　うん。それはね、高校生で芝居をやったときに知ってた。つまり自分が集中していくと、自分の意識が自分の身体と違うところから、自分をしっかり見ていたんだよね。だから、なんか当たり前みたいに思ったね、それは。でも今度は意識してそれを使うようになって、しばらくしたら、なんか消えちゃった。
鎌田　そう！　それは意識したからだよね。意識したからこそ消えた。
野田　そうなんだよ。
鎌田　やっぱりね。
野田　「ああ、知ってるな」って意識が消しちゃった気がする。ある時期から「あの体験できねえなあ」と思って。

鎌田　ちょっとそこを詳しく聞きたいです。すごく大事なところだから。いったい、何をしでかしたんですか？

野田　何をしでかしたっていうかね。例えば高校のときに、「野田、集中すると目が寄るね」って言われた。それは意識していなかった。そのときは何気なく聞いてたの。大学に入って芝居をやり始めたときに、「離見の見」じゃないけど、自分をすごく高みから見ようとする瞬間には、たぶんそういう現象が起きていたと思う。集中するたびに。で、今度は逆に、目を寄らせれば集中するということを始めると、そのへんからちょっとズレるみたいな……変わるんだと思う。

鎌田　うんうん。

野田　歌舞伎で「睨《にら》み」ってあるじゃない、團十郎の。つまりあれを最初にやったやつ——三代目かな、初代か五代目か忘れたけど——は、あまり意識しないでやったんだと思う。それが逆にお家芸になっちゃったことによって、今も團十郎の家でやっているけど、別に大したことないんだな。はっきり言うけど、ああしてやっているだけの話。でもあれは本当は、とてつもない役者がやり切ったことだった。今日の芝居（『Ｏｎｅ Ｇｒｅｅｎ Ｂｏｔｔｌｅ』）、白石加代子さんが見に来てたけど、彼女が若いときそうだった。本人はわかっていないんだけど、残っている写真、全部目がグワッて寄っている。東洲斎写楽の役者絵もそんなふうになっているでしょ。みんなはあれを写楽独特の誇張だと言うけど、あれは誇張ではなくて、むしろただならぬ集中力を持った役者のリアリズムだと思うね、俺は。だから目を寄らせればいいってもんじゃないんだけど、さっきの構造と非構造という話で意識が……

と言ってたのは、やっぱりどこかにそういうものがある。でもこういう話は演劇をしている人間の言葉であって、科学者からそういう話が出るとは思わなかったね。

鎌田　あ、そう。それは褒め言葉と受け取っておこう（笑）。

野田　もちろん、褒め言葉だよ。

鎌田　僕は今ね、科学をスピンアウトしてとは言わないけど、そこから「離見の見」を使ってもう一つ上の世界を見たいんですよ（巻末の「講義レポート」二二二頁を参照）。自然科学だけをやっていても、森羅万象の一％とか、そんな僅かなものしか理解できない。その上に芸術とか、今の科学では説明できないことがもっとたくさんあって、そこに僕は接点を持ちたいと思っているわけ。だから科学者をやめたんじゃなくて、科学の上に全く別の「知性」を付け加えたいわけ。そこが科学だけやっている同業者と違うと思っている。ある程度は思い切ってスピンアウトしないと見えてこない。

野田　うん。急に昔読んだ本を思い出した。ライアル・ワトソン（一九三九〜二〇〇八）とか。

鎌田　そうそう。僕も『スーパーネイチュア』（牧野賢治訳、蒼樹書房、一九七四年）を読んだ。もともと古生物学者だったけどね。

野田　彼の昔の本に、ある朝起きたら「わあ、今日幸せだな」って勝手に思うときがある、あれって何なんだ、と。至福体験みたいな、それって人間が持っている意識のあり方と似ている気がするんだ。だって実際には何も変わっていないわけだから。で、演劇においても突然こう……「離見の見」とか言うけど、そっち側から見てる分には――まあ多少目が寄るとか、そういうのは変わっているかもしれないけど――実際は状況としては何も変わっていないのに、自分の中でははっきり違っている。

鎌田　うんうん。それに関して、客観的身体と内観的身体という言葉があるんです。客観的な身体とは、普通の医学の解剖学的な身体。で、「内観」というのは客観的に見るんではなくて、「内を観《み》る」ということ。「観」というのは仏教の用語で、真理をつかむこと、もしくは道理を悟ること。すべてを理解するということ。だから内観というのは「内部ですべてを理解すること」なんですね。つまり客観というのは、医者が心電図で見てどうだとか、血液の数値はいくつだとか、外部で客観化できる世界。客観の「観」は、まさに客体として観《み》るわけだからね。だけど内観はそうではなくて、自分の中でふっとイメージするということで、まさに「離見の見」の世界なんだ。だから内観ができると、役者としては一皮むけるんじゃないかと思う。体を客体的に動かすのではないから、ビデオで撮っても実態ではない。でもね、実は芝居では内観が身体を動かしたりするんだと思う。

3―7の法則

鎌田　ここから先はちょっと難しいんだけど、多くの精神疾患、例えば心身症みたいなのは、医者が血液検査とかしても何も出てこないですよね。で、「ああ、ちょっと疲れてるみたいですから、しばらく会社を休んでください」と言われる。それは内観的身体がズレているから、そうなるんだと思う。逆に言えば、自分の客観的身体にばかり集中しているから、無理にジョギングしたりサプリメント飲んだりする。でも、そうしても会社の疲れなんて取れないですよね。本来、人間には内観的身体があって、それに沿っていればもっと自由に生きられるのに、それを万歩計とかコレステロール値とか外部の数字に置き換えて生きている。会社の勤務時間に押し込められて、内観的身体が息詰まっているんです。それが「離見の見」とか非日常の芸術的なものでフワッと出すと——例えばポール・ゴーギャン（一八四八〜一九〇三）がタヒチへ行ったみたいに——それで生き返るんですよ。僕はそう見ている。だから野田さんが「目を寄せる」話をしたけど、そこで客観的身体に戻ってしまって元の木阿弥《もくあみ》だと思うのね。そこがポイントで、身体にスッと任せていればいいけど、頭がしゃしゃり出ると途端に消えちゃう。やっぱり「体は頭より賢い」から。

野田　うん。それで、俺に京都へ行けって言ってるんだな（笑）。

鎌田　で、もう一つあるんです。そのときの処方箋があって、全部を一生懸命に見ようとしない。例えば、全体を10とすると、10―0、7―3、3―7というように配分を変えて下げていく。人間って、うまく行くと10―0でやってしまうもの

で、これはこんなにいいんだから、次はもっともっと、って際限がない。例えば、サプリメントを飲むと健康にいいとなると、そればかり飲んでかえって調子を崩す。だから、10―0ではダメなんで7―3とかに減らさないといけない。やっぱり何でも3ぐらいは遊びがいるんです。

ただ、本当に内観的な身体を見ていくと、ベストはもっと低い3―7であることに気づいたりする。そもそも一生懸命やっているのは意識だから、実は3割ぐらいで丁度よい。残りの7割は、無意識というか、宇宙の動きに委ねるというか、それぐらいゆったりと構える方が、知的な人間はクリエイティブに活動できると思うんです。これは僕の結論なんだけど、まさにそれを野田さんにぶつけてみたかったんです。ごく簡単に言ってしまえば「やり過ぎるとダメ」ってことなんだけど、そういうのってどう感じますか。

野田　もちろんやり過ぎはよくないよね。俺の場合は役者として舞台に上がっているので、毎日そのことを感じなければいけない。でも醒《さ》め過ぎるのは……醒め過ぎるってどのぐら

いだ？　わからないけど、自分をあまり考え過ぎるのも……う～ん、何と言うかな。役に入り過ぎないようにと思って、醒めなくてはいけないという意識もある。

鎌田　そこにも「離見の見」が要ると。

野田　ところが、ふとしたことで醒め過ぎちゃうことがあるよね。これも戻るのは結構大変でね。

鎌田　ははぁ、でも身体は関係なく動いているんでしょ。

野田　もちろんもちろん、動いてはいるんだけど、つまりこう「もう少し入っていかなくてはいけないな」というときがある。

鎌田　何がいけないの、それは。

野田　自分ではっきり嘘ついているってことがわかるの。

鎌田　そうか。でも、それも含めて身体は自動運転してくれてるんじゃないの？

野田　そんなにいいものじゃないんだよ。つまり、ちょうどいいときは自動運転なの。

鎌田　ああ、ちょうどいいとき、ってわけね。

野田　そうそう、醒めていながらもちょうどいいとき。だから俺はさっき「離見の見」が、あるときからなくなったとか言ったけど、きっとそういうことをしているんだと思う。だけど何かの弾みで醒めちゃっていることがあるんだね。……お酒を飲み過ぎたとかね。

鎌田　前の晩とかに？

野田　そうそう。

鎌田　やっぱりワイン（笑）。

野田　とても言えないんだけど、まあ、何が原因かわからない。そういう日もあるし、「ああ、今日はほどよいね」とかいう日もある。

鎌田　それは観客にもわかるんですか？

野田　どうなんだろう。そこがね、俺としては一番聞きたい。

鎌田　つまり、プロの観客にはわかるかな。プロデューサーとか、演劇関係者とか。

野田　とりあえず、俺とキャサリン（・ハンター）とかはわかる。

鎌田　なるほど、共演者はわかる。

野田　共演者じゃなくて、いい役者。公演が終わったときに「よかったね、これだよね」っていう感じ。新作のときにいつもそうなんだけど、だいたい少しずつよくなって、ある日少しブレークスルーする日がある。で、「あ、こういうことだ、この芝居。こうなんだ。この力の入れ方、これだよ」と。きっとさっきので言うと、3─7をつかんだとき。「これが3─7だ」っていうことをつかんだつもりなんだけど、翌日はやっぱり身体が違うじゃない。で、精神も違うから、そこを目指しているんだけど、やっぱり同じことはできなくて。

鎌田　いやぁ、深い話だ。

7―3 VS 3―7

鎌田　で、聞きたいんですが、なんでそもそも10割でいきたいんですかね？　だって人間って、凄いときがあって、あとはボロボロでもいいんじゃない？　ボロボロがあるから凄いときが光るとか（笑）。いや、これは言い過ぎかな。でもやっぱり野田さん、そこは完璧主義なの？　公演は全部成功させたいとか？

野田　ああ、そういう意味でね。

鎌田　プロたるもの、そうでないといけない？

野田　それはそうだな。

鎌田　お金払って来てくれたお客さんに失礼だから？

野田　プロだからとかそういうことではなくて、やっぱりやっていて、ちゃんとしたものをやりたいと思うだけ。自分で嘘ついているというものをやっても意味ないもの。

鎌田　うん、わかる。で、その「嘘をついてる」って感じ、もっとくわしく聞きたい。さっきも出たけど、具体的にどういう感じ？

野田　単純に、例えば「間が違うな」とか、そういうこと。変なことを意識して、例えば前日たまま見に来たやつがちょっと言った言葉が頭をかすめちゃって、「ちょっと縮めてみるか」って間を縮めてみて「あ、違う。ダメだ、こりゃ」とか、「何でこんなことやっちゃったかな」とか。ちゃんとやればよかった、とね。実は今日もちょっとそういう瞬間があった。

鎌田　あっ、そうなんですか。では、「間が違うな」の反対の「間が違わない」芝居をつくろうとして、どのくらいエネルギーを注ぐんですか？　例えば「間が違わない」ように10―0で全力出すのはよくない。それではみんな肩がこってしまう。で、プロ中のプロは3―7でいいんだよとか、そのあたりの塩梅《あんばい》はどう？

野田　それは単純に力の抜き具合とか、そういうことを言ってる？

鎌田　うん、それでもいい。思ったよりも引かないと――引くっていうのは自分で一生懸命になるのを抑えないと――結果的にはいいものができないんじゃないかと、僕は思っている。感覚的にね。

野田　うーん、うん。

鎌田　例えば、大学だと一コマ一五回分の授業をするわけ。でも一五回全部に全力投球したら、学生も疲れちゃうしかえって頭に入らない。だからまあ三割、つまり五回ぐらいは火の出るような凄い授業だけど、あとの一〇回は「なんか先生あんまり乗っていないな。二日酔いでしたか」みたいな方が、よいバランスかなと僕は思う。実は、一〇回は手を抜いているんじゃなくて、未来に向けて試行錯誤している。だから、完璧な授業を見せようとはしないで、迷っている自分、考えている自分をさらけ出しているのね。だって授業は、芝居と同じライブだから。でもね、確かに昔、京大に来た頃は――今年でもう二〇年目なんだけど――当然10―0でやってたわけ。どうだ、みんなちゃんと聴け、みたいな（笑）。だけどなんか出来が悪い。で、だんだん7―3でやるようになったら、なぜか出来のよい学生が増えてきた。最近は3―7にしたら、今度は凄い学生が出てきた。じゃぁ七割手を抜いた方がよかったのかと悩みが一つ増えちゃった（笑）。

野田　でも極端じゃない？　7―3からいきなり3―7になっちゃ。4―6でもないしさ。

鎌田　うん。でもね、その凄い学生に言われたんですよ。まだまだ力が入り過ぎてるって。

野田　ああ、そうなんだ。俺、聞いていて、7―3ぐらいの感じがちょうどいいってことかと。

鎌田　と、思うでしょ。世間でも8―2の法則、「パレートの法則」って言いますね。だいたい8―2とか7―3とかが最適値と言ってるでしょう。でも違うんだな、これが。違うというのは、京大みたいなクリエイティブな現場では3―7がいいみたい。だから世間一般には当てはまらないかもしれない。もっと言えば、普通の演出家や役者はいいけど、野田秀樹は違うと思うわけ――僕、今すごく熱くなってるね（笑）。つまりね、アインシュタインみたいな天才のやることは3―7がちょうど良いと主張したい。いろいろな分野で、科学でも芸術でも政治でもそういうものじゃないかと僕は思っている。で、「違いますか」って今日は野田さんにぶつけました（笑）。

野田　じゃあ、明日から3―7で。

鎌田　えっ、そんな簡単でいいんですか（笑）。「この前、鎌田から聞いてやってみたらこんなになった……」みたいになっても責任取れないから。

野田　いやいや（笑）。

目指すは10割？

鎌田　もうちょっとリアルな話に戻しましょうか。野田さんは人生のトータルで何を残したいのか、聞きたい。例えば、今回の芝居で、すごいと言われる公演を何割残したいか？　もしくは一回だけでいいのか、そこをお聞きしたいですね。

野田　残すっていうか、悔しいかな演劇は残らないじゃん。

鎌田　あ、そうだ。言葉がまずいね。出演者の中で、このときのこの回はすごかったねって、一生記憶に残るものってあるでしょ？

野田　うんうん。

鎌田　僕も授業とか講演会で、今日やったのはもう二度とできないなっていうのがある。そういうのを野田さんは一回でも残したいのか、やっぱり満遍なくある程度合格点を取ろうと思うのか。そりゃあお金を取るプロだから、そもそも不出来はダメっていうのはあるだろうけど……。

野田　結果として満遍なくってことは、絶対にあり得ないから、絶対に。そうだねえ、一公演で三ステージか四ステージ、すごかったなというのがあればいいんじゃないかな。

鎌田　ふーん。

野田　そうすると3―7どころじゃないね。もっとひどいね。1―20ぐらいだ。

鎌田　それが世界の野田の割合なんだ（笑）。いや、でもそれを言ってほしいと僕は思う。つまりピカソでも本当にすごいのはそれぐらいの割合だと思うんです、あれだけ描いてもね。だから野田さんがそんな数字でいいんだと言うと世の中の芸術家が楽になる。ハアッとね、余計な力が抜けると思う。

観客の存在

野田　演劇の場合は、「人との」という意味には観客ってものが入ってくるんだね。つまりこちら側でなかなかコントロールしようのない不特定多数の人がやってくるわけじゃない。

鎌田　そうです。それについてもお聞きしたい。

野田　そこで空間をつくらなくてはいけない。極端に言うと、幼稚園児の前で芝居をやる、完全に惚けてしまった年配者の前で芝居をやると、絶対に違うものになってしまう。そしてそれは意味を持つのかということにもなってくる。極端な話そういうことだから、どういう人が見るかというのは、実はものすごく大きい。そしてそれをあまり選べないということも、こちらにはある。まあ、何十年もやっているとやっぱり知らないうちに選んでいるんだけどね。「これが好きだ」って人たちが来るわけだから、少しは選んでいる。だけど、そこが非常に難しいところで、いつそんな1―20の「1」の回がやってくるのかというのは、こちらもちょっとわからない部分がある。ただ基本的に、相乗効果的によくなることが多い。今日のお客さんとは、結婚できるくらい呼吸が合ってるというか。

鎌田　おお。で、お客さんがいいときは、演じる方もよくなる？

野田　よくなる。

鎌田　ふーん。それはエネルギーとして感じるとか、そういうことだよね？　必ずしも反応としての笑いとか、そういう分かりやすいものじゃなくて。

野田　集中力ってのがあるよね。舞台上から、お客さん全体の集中力の高まりを感じる。集中力がなくなった客席とかすぐにわかる。あと、自分の勝手な思い込みなのかもしれないけど、スーッと客席が遠のいて行くというか、引いてしまったんじゃないかなと不安になるときがある。そうするとなんかこう空回りが始まることがあるね。

鎌田　それは、芝居がちょっと停滞してるかな、みたいな懸念が生まれるってこと？

野田　うーん。今日のお客さんはちょっとどうなのかな、こちらを受け入れなかったのかな、というときはあるな。

よくクラシックの演奏会なんかで、咳をするなとかあるけど、あれは「するな」じゃなくて、こちらが「させてはいけないもの」。芝居でもこの上なくいいときは、観客もみんな呼吸を知らず合わせるというかね。だからいい芝居であればあるほど、終わった後に「ああ、疲れた」となる。でも、それは心地良い疲れだよ。知らないうちに、こっちと同じような呼吸が始まっていて、実はわりと呼吸がコントロールされているんだね、お客さんの。

鎌田　へえー。そうなんだ。

野田　そんな中で咳をする、集中力を失う人が、やっぱり中にはいるんだけど、でも全くそれがない日もある。そういうときにはやっぱり、終わった後に素晴らしくよかったなと思う。

鎌田　もしお客さんを選べるなら、どういう人だけに来てほしいの？

野田　うーん、なるほどね。でもそればっかりは、わからないでしょ。
鎌田　よくわかったプロみたいな人がいいの？
野田　いや、そんなことはないよ。
鎌田　その反対に、プロを排除した方がいいのか、とか？
野田　まあ、稽古場で我々が……でもなあ、話していたとおりのリアクションが来てもつまらないしね。やっぱり、どういう人に来てほしいということはきっとないんだと思う。

今後のビジョン

鎌田　僕らは還暦を迎えて、人生もう二〇年あるわけじゃないですか。
野田　決めてるの？
鎌田　「人生二〇年説」っていうのがあってね。数学者の森毅《もりつよし》（一九二八〜二〇一〇）が昔、人生を二〇年ごとに区切って、それぞれ違う生き方をしようと提案してたんです。六〇歳っていうのは一つの節目で、普通のサラリーマンだと定年があるわけですね。野田さんはないけど、僕なんかは六五歳で大学の定年。で、ある程度いろんなことをやったから、あと三年で一区切りつけて次に向けていま準備しているところなんです。役者の野田さんにとっても加齢というか、当然、年をとると身体が動かなくなるだろうから、次の二〇年をどう考えていらっしゃるのかなと。
野田　二〇年というか、まず三年とか。

鎌田　うん。いいですよ、三年から。

野田　でも最低一〇年かな。なんか海外というのは六〇代の一つのテーマではあるなと。海外でどういう展開ができるのかな、ということは考えたりしますね。あとはやっぱり、自分がいつまでちゃんとしたものを書けるかというのが、やっぱり恐怖というか。

鎌田　最初に、物書きの恐怖ですか？

三つのバランス

鎌田　そこでお聞きしたいのはね、戯曲を書くことと、舞台の演出と、生身の役者と、この三つは年齢に応じて違ってくるんですか？　例えば三者の比率とか。

野田　どうだろう。現実に演出の比率なんかは、やっぱり年々上がっていく気がするね。だから役者として、今回のなんかは出ずっぱりだけど、基本的にはそんなに出なくなっているし、その比率は変わっているという気がするけど。

鎌田　で、書くことはずっと、もう一生できますよね。死ぬときもペン握って（笑）。

野田　いや、でもさ、どうしようもないものを書いてしまっても、本人はわからないからな。だからまあ、言ってもらうしかないかな。ダメって。

鎌田　ああ、なるほど。でもね、夏目漱石も全集って出てるじゃない。そうすると、最後がどうしようもなくても、それはそれでその人の人生なんで、読者はおもしろいと思うわけ。だから僕は第3講でも言ったとおり、野田秀樹全集が出ると今からイメージしているわけですよ。それで、最終巻にいろいろあったっていいじゃない、と思うわけ。ダメですか？（笑）いや、しようもないもの書いちゃったと本人は思っているけど、五〇年たったらすごかったりしてとかね、よくあるでしょ（笑）。それこそ本人が一番わからないんじゃない。とにかく書いてくださいね。

野田　でもさ、全集とか言ってるけど、やっぱり古いんだよ、俺らは人間が。

鎌田　あ、それはわかる。

野田　俺なんかも若いときは、戯曲は全集で最後は出るだろうと思って、それで新潮社から出版してずっとやっていたけど、もう今は全集とか出してもまず売れないし、きっと。そういうふうになってきてるんだよな、と思う。

鎌田　でも僕はファンだからさ、野田秀樹はシェイクスピアと同じように残る戯曲を書いていると思ってるの。ほら同級生ってすごいでしょ（笑）。で、真面目に言うとね、昭和三〇年生まれで、さっき喋ったような昭和と平成を記録した作品でしょ。それから言葉遊びとか、スラップスティックとか、そういうのがふんだんに文章に入っている。それとやっぱり「未来の予見」ですよ。将来、野田秀樹論を書くやつが、「この『南へ』を書き上げて半年後に三・一一が起きた」とかね。そういうことを全部つなぎ合わせると、「作品が何年か後に現実になる作家」という研究ができる。

野田　いや、でも全集という言葉を久しぶりに聞いたな。

鎌田　全集って後世の人間が研究できるために出すんですよ（笑）。

野田　でも本当にさ、二〇代のときには編集者さんと、「まあ、ゆくゆくは全集に」「そうだね。全集にして、それで食おう」とか言ってたよ。

鎌田　あ、それは食えない。研究だけね（笑）。

野田　その当時は本が売れてたからさ、ああそうか、その年齢になると印税とかで食えるんだな、とか思っていた。でも本当に変わったよね。

鎌田　変わった、変わった。だって本そのものが売れないし。

一回性の意味

野田　時代が変わったよな。でもそれはよかったのかな、と。演劇でやっぱりよかったんだろうなと思う。映画とか再生が利くものだと、やっぱり怠けていたかもしれないな。

鎌田　それも聞きたかった！　ヴァルター・ベンヤミン（一八九二〜一九四〇）の「アウラ」は再現するか、ってテーマですね（ベンヤミン『複製技術時代の芸術』原著一九三六〜三九年）。アウラとはいわゆるオーラだけど、結局、複製は生きているかどうか。そこ、語ってください。

野田　俺、毎回毎回、死んでしまうものをやり続けているから、いつもやっているんだろうなと思う。これが複製が可能なものになったとき、やっぱりどこかで怠けちゃう気がするんだよね。例えばさっきの10―0の話じゃないけど、映画であれば――これ今回パンフレットにも書いたけど――間違いっていうのがない。

鎌田　あ、それ読んだ。「『間違い』の喜劇」。すごくおもしろかった。

野田　映画は間違いがないわけだ。俺らは間違えてナンボなんだよ。

鎌田　そうそう。で、観客が間違いを期待してるって書いてたよね。第**4**講でも出たけど、きわめて本質的でおもしろい。

野田　で、やっぱり今日もちゃんと間違えてるし（笑）。それで俺らはドキドキして、どこが間違えてるかはバレないけど、そこでドキドキしながら「あの鎖をどうしよう」とか、いろんなことを考えながらやっている。そこに生き続けている限りは、大丈夫な気がするんだよね。それに関してはね、第**3**講のＡＩの話もそうだけど。ＡＩたちの目指しているものは、間違いのない世界でしょう、きっと。

鎌田　そうですね、完璧主義。

野田　でも進化を見ればわかるとおり、間違っているから進化しているわけで。

鎌田　そうなんです。すべて、想定外のことが起きて、それに対応するようにして生物は進化する。むしろ他と違った身体のやつが生き残ったりする。

野田　だからやっぱりＡＩは、生き物とは違うところにあるもの。で、演劇はどっち寄りにあるかと言えば、人間側に生きているから長生きする。映画の悪口を言うわけじゃないけど、映画はやっぱり技術だから、いつか何か新しい技術の誕生で滅びることはあるかもしれない。映画という形態は、何か別の映画に似た形態のものに取って代わられるかもしれない。

鎌田　なるほど。その反対に、演劇は人々の記憶にだけ残るわけですよね。さっき話してたように、本当にすごいことが二〇回に一回は起こる。こうした偶然に出くわすことで、その記憶を共有する「集合無意識」が生まれる。そういうことを喜びとするわけ？

野田　喜びとするかは別として、そういうこと。だからそれを共有した人が実は若い世代だったりすると、彼らがもっと共有する時間を長くしてくれる。俺がたとえ消え去っても。幻の水平線を見せてくれる。そして記憶に残ったいいものは、記録に残ったいいものより、いいことになるじゃない。

鎌田　そうそう、昔からの伝承で残っているものは全部そうだ。ケルトも縄文も。言ってみれば神話の世界ですよね。その記憶に残る方に勝負を賭けたっていう感じ？

野田　勝負を賭けたんじゃなくて、やっちゃってみたら……。

鎌田　もう引き返せなくなった？

野田　そうそう。

鎌田　それ、いいですね！

野田　そういうところだったね。足を踏み入れたところは。

演劇・映画・テレビ

鎌田　「想定外」は芝居にとって一番の本質でもあると僕は思っています。一回だけの生《なま》でやるのか、それとも映画とかビデオで何度も見られるものか、そこに決定的な差がある。実は大学の講義だって、録画してどこでも受講できるのがあるけど、それはちょっと違うと思う。僕の授業は基本的に寺子屋的というか、膝《ひざ》つき合わせてのライブの教育なんです。生なので、予定外というか規格外があるからこそ意味があると思うんですね。だから野田さんがテレビに出ない、映画に出ないというのが、すごくおもしろかったわけ。

野田　まあ、出ないということはない。ただテレビ向きではないんだよな。

鎌田　でも、オファーがあっても出ないんでしょ。

野田　まあ、そう。だからテレビ向きじゃないことを知ってるからさ。

鎌田　それはテレビ局の方もわかっているわけ？

野田　わかってるんじゃないのかな。

鎌田　テレビも色々と模索していて、野田さんみたいなライブ性をもっと出したいと思うんじゃないの？　で、生番組ならどう？

野田　どうだろうね。今はなんか、内向きな人がものをつくってるんじゃないかな。どうだろう。

鎌田　結構シビアな発言をされますね（笑）。

野田　そうね。わからないけど、壊すとか、そこから外れるとかいう表現を、あまり求めていないんじゃないかな。

鎌田　うんうん。

野田　そんなような気がする。そうでない人たちも、もちろんいると思うけど。基本的にこうマニュアルのように、顔のいい、若い人を真ん中に置いて、同じく顔のいい人たち、若い人たちがつくっているようなドラマが多いよね。それって、どうなんだろうね。

鎌田　そりゃ、もう偶然は起きないし、テレビは俺の職場じゃないと思っていらっしゃる？

野田　そこはあまりもう……ねえ、この年齢になって、やるところじゃないものね。

鎌田　例えばね、若い頃、そういうところでもやりたいって思ったことないですか？　テレビとか映画とか。

野田　劇団をやっていたからね。現実に俺がそこへ行っちゃうと、劇団がなくなっちゃう。例えば一年間、朝ドラなんかに出ようものならね。だからそれは断った。そういうことはある。興味があったかどうかと言えば、そしてあんまりなかった。

鎌田　ふーん、なるほど。

演劇を残す？

鎌田　一つしっかり聞きたかったことがあって、野田さんのお芝居って、WOWOWで放送されたり、特集もある。今日は偶然とか一過性という話をされてるけど、そのあたりの考えはどうなんでしょう。新潮社で全集残すようにWOWOWで映像を残す、みたいなことを考えてるの？

野田　それはWOWOWに聞いて（笑）。でも特集とか、本当にやるときは俺が死んだときでしょ。

鎌田　いやいや、だって今は生前でも全集とか出るじゃない。

野田　まあ、出るか。
鎌田　確かに演劇は一過性で偶然が命だけど、その映像残しておくのも必要なことかなと思って。
野田　あ、俺ね、そうそう。二〇代のビデオが少ないのは、俺が嫌いだったから、ビデオを残すのが。とても前半の頃ね。いま思えば撮っておけばよかったなとか思うんだけど。
鎌田　ああ、やっぱり。
野田　あるとき地方の高校生か、大学生か……とにかく地方の人がビデオで見てさ、「ビデオで見るしかない。だって、地方になんかもう劇団四季ぐらいしか来てくれない」と。それで「だからビデオをここで見ることができてすごくありがたい」という言葉を聞いて、そういうことはあるよな、じゃあビデオがあってもいいかな、と。やっぱり天邪鬼《あまのじゃく》だと損することもあるよね。若いときのものが残りにくくなってるね。もう少し早めにやっておけば、残っていたかもしれない。だから『怪盗乱魔』なんか残ってないもんね。
鎌田　ああ、そうですね。
野田　ＮＨＫに『小指の思い出』はあるはず。一番最初の頃。それで実は『二万七千光年の旅』っていうのを、『若い広場』というＮＨＫの教育テレビが撮ってて……だから探せば残っているかもしれないね、ＮＨＫには。あとはそうだな、８ミリ（ビデオ）を撮っていた女性がいて。
鎌田　客席から？
野田　許したの。８ミリでずっと追いかけたいからって言って、『少年狩り』という芝居のときに、稽古風景から全部撮ってる。それに非常に貴重な映像があるはず。

鎌田　それは見たい！　作家によってはそういう過去のものは排泄物で、そんなもの俺は知らん、別のものだ、と言う人もいるし。野田さんは……。

野田　基本的にはそうだし、そうだったんだけど、まあ、やっぱりビジュアルがポンと出た方が早い場合があるのは確かだなと思って。

鎌田　なるほどね。

野田　でも所詮、演劇は演劇だから、ビデオで残っているものって、俺なんかが見ると偽物。なんか違うしな、これじゃないしって。人間の目のすごいところは、演劇を見ても自分の好きなところをカット割りして、ずっとストーリーをつくっていくわけ。だから演劇って見た人間その人だけのものなんだよね。演劇は下手くそな主役よりも、おもしろい脇役の方が勝つわけ。みんなそっちを見る。でも映像は、おもしろい脇役がいても撮らないから。だからドラマはつまんなくなる。

しかも今のダメな映像はどんどん方向として上をアップするようになるでしょ。もう顔、顔、顔で。だから身体すべてで演技できる人が、もうどんどんいなくなっているの。ちょっと引きで走らせたりしたら、様にならないような人がいっぱいいるでしょ。歩かせたりすると、なんかぎこちなく歩いている。あれは役者の質を落とすよね。そのへんはまた、映像の悪口ばっかり言ってるみたいだけどさ。まあ、根本的に違うものだよね。

鎌田　うんうん。でも野田さんは、今は教育者、大学の先生でもあるから、教育するときはそういう映像って必ず要るでしょ？　教育効果を上げるというか、現代のいろんなトップランナーの演技を見せて。それとも、やっぱり生を見に行かなきゃダメなものなの？

野田　やっぱり演劇は生を見た方がいいとは思うけどね。でも生がもはや見られないんだったら、いいんじゃないない、それも。

鎌田　ピナ・バウシュ（一九四〇～二〇〇九）とかね。

野田　もう死んじゃってるしね。まあ、ビデオで見るしか、追いかけるしかないよね。

鎌田　そもそも、ビデオでも勉強になる？　教材に使えますか？

野田　俺はどうだろうな。俺はそういう講義とかはしたことないから。

鎌田　えっ、多摩美大でもそういうことはしない？

野田　多摩美はもうワークショップしかやらない。

鎌田　ああ、そうかそうか。

才能の在り処

野田　けど若いときはさ、一回性とかいう言葉を聞いて、格好つけて喋っていたんだけど、実はそんなに大してわかっていないんだよな。何か言ってはいるんだけど。でも年を取ってくると、実際の人生の方も一回性であるってことが本当にわかってくる。まわりがバタバタ死んでいくからね。そうすると余計に演劇というものがいかに人間と密接かということが透き通ったようにわかってくる。

鎌田　バタバタ死んでいく……、確かにね。でも、一回性で勝負できるっていうのは、実はそこに「才能」が潜んでますよね。才能がないから繰り返し撮り直してもらう。で、若い人とか他の役者を見て、才能があるかないか、このあたりはどうなの。ライブってすごく厳しい世界でしょ。本人は一回性で勝負したいけど、才能がなければ才能ある人をコピーして、DVDやMP4にして配らなきゃダメでしょ、動画で。要するに、一回性の舞台で勝負できること自体が才能じゃないですか。この点はどうですか？

野田　どうなんだろうね。例えば、我々の後輩の宮城聰はいま静岡芸術劇場の芸術監督をやっていて、この前歌舞伎でマハーバーラタの演出をやって、俺は具体的な内容はよく知らないけど、それが大変に評判を取った。彼は中学校のときに、俺の高校の芝居を見て、それで芝居を始めている。で、あいつは大学も一緒で、五歳ぐらい下なのかな。そのときのあいつの成りとか、書いたものとか見た感じでね、「あ、止めたほうがいいよ」って。いま言われた才能とかそういうことで、「やらない方がいいんじゃないか」ということを、ちょっと言ってみたことがある。そういうところも、俺の意地の悪さなのかもしれないけど、敢えてそう言った方がいいんじゃないかと思ったんだな。だって俺からは才能がないように見えたから。でも今こうなってみて、歌舞伎座でも演出してちゃんと評価を取れるようになった。俺の助言を真に受けていたら、彼の才能は、今、開花しなかったわけだから。だから非常に微妙だよね、才能の有り様って。「開花」とかも言うけど、どういうふうにいつ出てくるかもわからない。ありきたりの言葉で「継続も才能だ」みたいなのがあるじゃない。何を言ってるんだとか思うんだけど、でも現実にそうやって見せてる人間もやっぱりいるのは確かだよな。

鎌田　なるほど。非常によくわかりました。

三つの仕事の才能度数

鎌田　では、次に野田さんご自身でね、戯曲作家と演出家と役者、こうした自分の才能についてはどう見ていますか？

野田　たぶん、始めた当時は役者だったと思うんだよね。だからきっと「出」はそうなんだと思う。だから役者が一流半ぐらいで、あと演出、作家というのはちょっと二流か、そのぐらいかなと。世界的なクオリティで見ると。

鎌田　最初の才能は役者から、ということ？

野田　いや、現在。でもそれが全部くっついているので、できた作品はちょっといいところへいっているんじゃないかと。

鎌田　確かに、その三つをできる人はいないですよね。一方、それって若いときから時代とともに変わってきているでしょ。二〇代、三〇代、四〇代……六〇代とその比率が。さっきも出た比率ね。

野田　うん、それは変わっている。

鎌田　そこをお聞きしたいんです。三つに分かれる仕事の才能の開花度。ここはいま花開いたところだぜ、とか。

野田　一番最後に開いたのは演出だね。つまり最初は演出することにそれほど興味を持っていなかった。

鎌田　それは何歳頃？　何の作品？

野田　二〇代の頃。だから「役者」と「書く」というのが、やっぱり溢れ出るという意味ではそのときにやれていたし、二〇代で役者をやっているときは、舞台にいてこわくなかった、全然。何をやってもできる、どういう対応もできる、と。

鎌田　身体も思いどおりに動く。

野田　動くし、どんな声も出るという気持ちでいたからね。三〇分間即興をやれと言われても、全然こわがらずにできたと思う。

鎌田　へえー。

野田　やっぱり頭も動いたんじゃないかな。

鎌田　うん。頭も身体もちゃんと動いた。

野田　つまり、こわがらず動いたんじゃないかな。三〇……どのくらいからかな、やっぱり身体が少しノッキングを起こすようになったり、微妙な疲れとかを感じたりするようなときぐらいから、自由度がちょっと減ってくる。ちょっと無理している感が自分に出てきたのは三〇代だね。世阿弥はだいたい三五歳ぐらいが頂点だって言っていて、確かその頃に読んで、「何言ってるんだ。ふざけるな」とか思っていたけど、でもやっぱりこうやって長くやってくると、確かにあの頃ぐらいが頂点だったかもしれないな、というのは思い当る節あり、だね。ただまあ、役者さんの質によっては全然そうじゃなくて、今のは華のある役者の部分だね。要するに世阿弥は「花」と言うから。俺も若い頃は役者としてちょっと華があったからね（笑）。

　で、いくつぐらいのときだったかな、俺はもう役者を止めちゃって、作品づくりに徹した方がいいかなと思った時期が、NODA・MAPになってからちょっとあった。そのときに同い年の勘三郎をたまたま見に行って、同い年がしゃかりきにがんばっているのを見て、やっぱりちょっと役者を続けとくか、みたいなことが一回あったね。で、役者に関してはそう言いながら年齢を重ねていって、自分の中での引き方を覚えて、今は何となく「このくらいの感じが俺には一番」ぐらいの感じを覚えてやれている気がする。

鎌田　なるほどねぇ。じゃあ演出は？

野田　演出はね、ただ本当に……。若いときは特に、書いたところに半分ぐらい演出が書かれているというか、要求されているので、ここではこうする、みたいなことがあったんだと思う。だから作家としての比重の方が大きくて、何を書くかが重要。で、演出的なところへの興味が薄かったかもしれない。でも若いときもさ、今思うとおもしろい演出をいっぱい考え出しているんだけど、それが大変なことだとか、あまり思っていなかったんだよな。なんか言葉とくっついているもの、ぐらいの感じでやっていた気がする。それがやっぱりロンドンから帰ってきたぐらいから変わったのかな。

鎌田　それは何歳でしたっけ。

野田　三七、八かな。要するにワークショップを始めたってことからかな。そういうのはあるかも。最初はワークショップも役者としてもやっていたんだけど、だんだんと、ワークショップのときは一切役者はやらずに演出の方だけになった。だから今は、演出というのはずっと続いていくもののような気がする。

鎌田　そういえば蜷川幸雄（一九三五～二〇一六）さんは、最後まで演出をやめなかった。

野田　そうね、凄まじい生き様だったね。俺、死に様を見ちゃったからね、あの人の。

鎌田　えっ、死に様をご覧になった？

野田　死に様というか、亡くなる前の日に病室へ行っちゃったものだから。まあ、すごいなあと思った。生きようとしている、あの力はすごかった。

作家のおわり

野田　それからあと作家は……不思議だよな。いつ能力があると思ったかな。高校のときに書いたものは、自分の中では偶然のもののような気がして。

鎌田　偶然、溢れ出ちゃった？

野田　うん。だけどそれが「本当に俺、能力あるのかな」ぐらいの感じでちょっとドキドキして、大学に入ってもドキドキして書いていた気がする。で、自信を持ったのはやっぱり『怪盗乱魔』だった気がするな。人がワーッと押しかけて来て。そのときはわりと好きなように、バーッと溢れて書いたんで、それが空前絶後の大好評だったから、「あ、書いていけるかな」みたいなのがその頃。

鎌田　当時は、鉛筆で？

野田　鉛筆、鉛筆。

鎌田　だよね。パソコンがない頃でしょ。

野田　まだない。

鎌田　原稿用紙に書くんですか。

野田　大学ノート。

鎌田　大学ノートにバーッと書いて？

野田　うん。それで遊眠社になってからは劇団があるから書かざるを得ない。

鎌田　もう、そうなっているわけね。

野田　もうなってきてるね。だから書き続けた。ただ、書くもの書くものが自分にとっては全部新しいこと、おもしろいことだったからね。麻薬のことを調べてもおもしろくて、「ああ、人間の頭の中はどうなるのか」ってもうそれだけで、メスカリンが何とかってそれだけでもおもしろくて、バーッとアイディアが出てきた。だから「妄想の一族」というので、「もう、そうするしかない一族」みたいな、そういう言葉がパッと出てきていた時代だね。

鎌田　言葉も含めて溢れるように出てくるのね。

野田　そうそう、出てきた。書くととにかくパーッと出てくるような時代。その頃は、あっと言う間にサッサッサッと。それからするとだんだん、さっき言ったようにテーマが強くなってくると、それだけ書く速度が遅くなるのは事実だね。ただ、それはそれで、もう違うものを書いてるんだな、と納得するようになったのがきっと二〇〇〇年に入ってからじゃないかな。

鎌田　そんなに最近？

野田　……のような気がする。

鎌田　でもまあ、一七年前だからね。

野田　『パンドラの鐘』を書いてそれからかな。ロンドンから帰って書いたものが、『カノン』とか『TABOO』。『カノン』は実は浅間山荘事件を書いていて、『TABOO』は一休さんの生涯、ちょっと天皇と芸能という関係を書いている。あるテーマ的なものはあって、そういうふうに変わってきてはいたんだけど、でもそれが年を取るってことだよなと思って。

だから自分が作家としてこわいのは、自分のことは見られないということ。さっきもちょっと言ってたけどさ、自分のものは、やっぱり自分が書いてるからおもしろいんだよね、きっと。だけど客観的に見なくちゃいけなくて、他の劇作家の晩年のを見ると、やっぱりちょっとおもしろくない。だんだん力が落ちているのがわかるからさ、自分が尊敬している劇作家でも。

鎌田　例えば、具体的には誰？　過去の人でもいいですけど。

野田　まあ、過去の人じゃないけど、井上ひさし（一九三四〜二〇一〇）さんなんかでも、ちょっとずつ落ちていたような気がする。別役（実）さんはそんなに変わらないで書いているのかな、淡々として。

鎌田　ベルトルト・ブレヒト（一八九八～一九五六）とか過去の人たちではなくても、それが見えるんだ？

野田　彼らじゃない。あ、でもどうなのかな。

鎌田　サミュエル・ベケット（一九〇六～八九）とかね。

野田　そうねえ。そうやって見ると、年取ってもいいものを書いている人もいるんだね。外人になりゃいいのか。

鎌田　そうそう、外国にはいるんです、落ちていかない人が。だから野田さんはシェイクスピアと対抗してよ、目指してよって言いたいわけ、僕としては。

野田　そうだね、晩年でもいいのを書いている人もいるね。

鎌田　でしょ？　ほらほら。

一大テーマ

鎌田　では今後、書くものも変えようと思っていらっしゃるんですか？

野田　そうね。でも自分の興味というものに関しては、何かどこかに戻りたいなというのはある。つまり若いときに書こうとして書き切れていなかったりしたもの、そこに戻って……。

鎌田　ああ、いいですね。

野田　うん、戻りたいなって気がする。だから無理して新しいものを見つけるよりも、自分はそこが書き切れていないんだけど、これどうなのかな、とか。やっぱり生命なんかは自分の中で一つの大きなモチーフなので。

鎌田　生命について僕は学生たちによく言うんです。「みんな等しく三八億歳なんだよ」って。つまり、僕らは皆三八億年前の生命につながっていて、学生だったら三八億歳プラス二〇歳なんです。すなわち、生命は地球上で今まで一回も途絶していないわけでしょ。だから、みんなが三八億年の命を永らえているって、すごいことだと思う。

野田　半分冗談だけどさ、三〇年前、『彗星の使者』を書いたときに、「三〇億年前の四〇日目」というセリフがあるんだけど、四〇日は夏休みということでね。その当時は、生命は三〇億年というのが定説だった。

鎌田　あ、そうだったね。

野田　あっと言う間に八億年が……。つまりさ、三〇年の間に八億年過ぎたのかよと、科学者に質問したい。俺、三〇年前には三〇億年って言われたんですけど。

鎌田　それ、スゴクおもしろいわ。

野田　そういうのってあるよね。

鎌田　うん、そのままネタになる。数字のトリックというか、我々の常識の方が変化しちゃったから。

野田　そうそう。だから、どんどん科学が発達すればそういうことがわかってきて、古くなったりするからね、知識がさ。鎌田さんは一線でちゃんとしているけど、俺なんて勉強した時代のものが古いからさ。

鎌田　そういうのはいつでもレクチャーしに来るよ。

野田　細かい数字がね。

鎌田　うん、数字はコロコロ変わる。でもね、細かいところは科学で修正できるけど、もっと大きなグランドデザインは、やっぱり芸術家しか描けないと思うよ。

内観と客観

鎌田　それでお伺いしたいのは、目が見えなくなった事件が、先ほど話題に出た、書くこと・演出・役者の三つに影響したんでしょうかということ。

野田　その後？

鎌田　そうです、その後に。

野田　うーん。役者は多少あるかもしれないね。やっぱり少し引かなくちゃいけないかなというのは、そのときにちょっと覚悟した。でもまあ、そんなに引かずにやり続けて、今は単純に老いたから引いているだけ。でも当時はちょっとは覚悟した。あとはそんなにはないけど、ときどき演出をしているときの照明と、あと遠近感がやっぱり少し両目見える人よりおちるので、ちょっと確認するぐらいかな。どっちが前にあるかとか、光量が、もしかしたら俺には人よりも暗く見えているかもしれないので、明る過ぎないかということだけは気にしている。もともと明るい舞台が好きなので、これ明る過ぎていないかとね。まあ書くのはあまり関係ないね。疲れた、という言い訳には使えるけど。

鎌田　今おっしゃったことは、かなり技術的な身体に関わることですね。さっき僕が説明した、客観的身体と内観的身体がそのまま出てくる。つまり客観的にはね、目が見えなくなったら当然、全体の可動性は減っているんだけど、でも逆に内観的身体が動き出したのね。そこで内観が膨れ上がって新たなものが体内で起動して。それは客観的には見えないものなんですよ。見えないというか、そもそも測れないものなんだね。で、そのときに内観的身体が、クリエイティビティというか、身体を全く新しく使う能力に大きく影響を与えている、と身体論では考える。だからこそ、以後の野田さんは未来を予見する戯曲を書いていると僕は思うんですよ。

で、もう一つ言わなくちゃならないことがある。事実は同じでも、ふっと見方を変えるとガラッと変わる、ということがありますよね。僕らの世界では「感受性の角度を変える」と表現するんですが。言い換えるとね、役者は、誰にも見える客観的な身体で舞台をやるんだけど、ある瞬間に内観的身体が登場することがある。つまり、同じ身体を見ていたはずなのに、うまい役者はそこから内観的身体をふっと見せてくれるのね。もちろん、観客の誰にもわかることじゃなくて、内観的身体が見える人にだけ見える。それが「感受性の角度を変える」という表現の底にある本質なのね。

で、次にその先を聞きたいんです。片目が見えなくなったときから、たぶん、野田さんの見え方自体が何か変わって、その後のすべてが変わってきたんじゃないかということです。僕が身体論で学んだのは、感受性の角度を変えるだけで、隠れていた内観的身体が動き出すこと。つまり、客観的身体を動かそうと頭で努力することから、やっと自由になれる。これが「体は頭より賢い」につながるんです。

野田　勉強になりました。

鎌田　いやいや、そうではなく……（笑）。

野田　いや、でもいいなと思って。というのはさ、演劇をやっているとどうしても「客観性」という言葉を逆にするの。我々は「客観」と言ったら対になる言葉は「主観」で、主観的になって芝居するのは嫌だよね。でも「内観」と言われると、つまり内側から見るという意味になると、とても演劇的なことのような気がするよね。

鎌田　あ、それはよかった。

野田　今後、そういうふうに使っていこうかな（笑）。

鎌田　ぜひ、お願いします。

歴史書に載る男

鎌田　これ、最後に聞いておきたいんですけど。野田さんは、ご自分が歴史に残ると思いますか？とんでもない質問ですが（笑）。

野田　まあ、考えても仕方のないことでしょ、そういうことっていうのは。ただ高校のときの卒業文集に、ふざけ倒した文章を書いた。

鎌田　そうです。それで最後の質問に取っておいたんです（笑）。教駒の文集にね、「山川の日本史の教科書に**野田秀樹**なんてゴシックで載せたい」と書いてあった。太字で載るんだって。

野田　題名は「おれは男だ」（笑）。

鎌田　そうそう。僕、次の公演にこの文集持っていきます。それで今、本当のところはどうなんですか？　歴史に残りそう？（笑）

野田　いやいや、ただのふざけ倒しの文章。

鎌田　少なくとも教科書の文化史には載るようになっちゃったよね。

野田　いや、それはもうね、わかんないよ。

東京教育大学附属駒場高等学校第二十二期生卒業文集（昭和四十九年三月十四日発行）

おれは男だ

野田秀樹

さあて、三年間の思い出を書こう。……と力んでみても、なかなかでるものではない。思うに、これは一種の便秘である。それならばそれで、力の入れ方というものがある。頭を右30°に傾け、じっと虚空を見つめ下半身に力を入れず、ここでは上半身特に頭に力を入れる。……出ない。出ない時は、あきらめる。このあきらめという奴は大切なものだ。いわゆる、現代の青年の退廃的感情に根ざしている妥協的精神である。これがないと、現代を生き抜くことはできないし、僕らの中から第二の田中角栄や第二の森田健作も生まれない。もしそんなことになったら、僕らには夢も希望もなくなる。なぜなら、僕ら十代は田中角栄を夢み、森田健作に憧れて育ったのだから。……こんなことを書くと、笑う奴がいるかもしれない。冗談を書いていると思うや（ママ）がいるかもしれない。でも僕は真剣だ！　僕は、高校三年間で冗談を言いすぎて疲れた。だからもう冗談はいわないことにしているのだ。赤塚不二夫のマンガを見るのもやめた。これからは、石原慎太郎と榎本敦史の小説しか読まない。榎本敦史という小説家なんて、みんな知らないだろう。知らなければ健全だ。この小説家を知っている人間は、勤勉な日本国民とはいえない。

　さて話は変わるが、われわれは皆男である。男と生まれたからには、皆総理大臣に憧れ、どでかいことをやって名前を売り、後世の山川の日本史の教科書に**野田秀樹**なんてゴシックで載せたい。男という者は、そうでなければならない。男は一度勝負しなくてはならない。これは、僕の冗談抜きの信念である。誤解されると困るのでもう一度いっておくが、これは冗談ではなく、僕が糸山英太郎先生から教わった信条である。僕は真剣だ！　さて、この自称糸山英太郎または加藤誇三が男として一言申し上げたい。

というのは、入試前になると、いい若者が青い顔をして私のところに進路についての相談に来る。だから、いつも言ってやる。「いいか、おれは男だ。そしてお前も男だ。男ならいっちょう、どでかいことをやったれ。がむしゃらでもいい、失敗してもいい、それが青春の特権なのだから。」こう私が言うと、その若者はこの啓示に顔面を涙でぬらしやがては志望校へ入る。だから一時は、私は新興宗教でも始めようと思ったほどである。が創価学会と張り合うのは、少々気がひけるのでやめた。あそこには、並々ならぬお世話になっているから。

　ところで、おれは〝忍耐〟〝根性〟〝卑屈〟という言葉が好きだ。おれは男だ。だからなんでもやれないことはない。根性と忍耐があれば、なんだってできるのだ。そのいい例が、星飛雄馬だ。彼が地べたを這ってまで野球をやったあの根性を見習え。巨人の星を読むたびに新しい感動がおこり、人知れず頬をぬらす。巨人の星を徹夜で読んだ時の朝焼けは美しいものだ。根性一つでできないことはない。しかし、それでもうまくいかないことが、まれにある。その時は、いい手がある。卑屈になるのだ。卑屈になって、いじけて、ひがんで、うらやむのだ。こうして、いったん卑屈になるとしめたものである。まわりのものが、すべてりっぱなものにみえてくるし美しくなってくる。世界がバラ色になるのだ。万国の男どもよ、おれは男だ。そしておまえらも男だ。男なら男らしく生きろ。いいか、女みたいに髪など伸ばさずに、若者らしく胸をはって生きろ。われわれ若者の前途はとてつもなく明るいのだ。では、民主青年同盟に感謝の意を表し、筆をおくことにする。なお、誤解のないように、もう一度だけいっておく。おれは正気で真剣だ！　そして、おれは男だ!!

当世《とうせい》極々《ごくごく》私的《してき》詩的《してき》恣的《してき》戯言《ざれごと》

鎌田浩毅

　これから僕は卒業文集に載せる文を書こうとしているのだが、今日は一月十五日（火）で成人の日（今学校へ行っていないので平日も休日もとんとわからなくなっている）、つまり明日はこの文を学校へ持っていって出さなければならないのであります。実をいうと先週の金曜に平沼（亮）から電話がかかってきて、全校で未だ出さぬのは唯汝耳の由、宜しく出す可しとの事、まだ四五日あるじゃないかと思っているうちにとうとう今日まで延びてしまったという次第。でも今頃ふうふう書いている人も多いでしょう。普段は文を書くときは下書きをつくって推敲しながら最終稿を書きあげる（？）のだが、そこは今となっては背水の陣、軽く書き流すとしよう。

　高校時代、いろんなことがあった。思い返してみると筆が進まなくなってしまうほどあとからあとから出てくる。総じて、俺もガタガタゴチャゴチャやってきたものだという感じ（おまけに卒業間際にもう一つゴタゴタが残っている！）。でも、あまりにも近いのでまだコメントをつけたり感無量になったり（？）はできない。しかしこれが十年も二十年もたつとおよそ思い出というものは美化されるものであるから『なつかしく』思い出されるのであろう。が、二十年の後、ああ俺の高校時代は良かった、なんて思って押入れの奥からほこりにまみれたこの本を捜し出し、あの頃俺はどんな事を書き残したんだろう。などと思いつつ迷文愚文珍文悪文を見出したとき（もちろんこれは小生の文章に対してであって、断じて他の諸君の文章に対してではない）、ギャッと言って飛びあがりたくなるであろうことが十分予測される。

ところで、今僕の手元には十六期生の卒業文集があるのだ。何でこんなものがぼくの手にあるのか自分の事ながら定かではないが、とにかくある。その中にはずいぶんメチャクチャなのもあって、教官の寸評もある。ちょっと引いてみよう。

――W先生。……現在アメリカに留学している先生。（六年前ノコトダ……筆者注）辞書、鉛筆、チョーク、筆箱など手元にある物すぐ投げつけるので（我々ノ時代ハソレホドデハナカッタ）我々が特に警戒していた先生。「ハイッ！　Xさん。なにこんなのできないの？　それはね『コソコソ』ハイッ言ってごらんなさい。できないハズありません。（コノアタリジツニワカルワカル）御存知、綿引大先生である。そのほか「負けた！　くやしいけど教えちゃおう　コソコソ」とか、「なにこんなの十年前に習った！　ハイ、言ってごらん　ヴィーナース!!」とか「ハイ！窓ぎわクンいや君じゃない、窓ぎわのとなりクン！……そう、よくできました。君はもう大学一年生だ。」とか懐かしい授業風景が思い出される。

ほかにもいろいろあるのだが、どうもこれを読んでいると書きにくくってしようがない。というのは、年々高校というのは（高校といわず日本全体）幼稚化あるいは白痴化しているせいか、昔の連中の文章のほうが何かホネがある、つまりガンバッているように思われるのである。ぼくは二十二期の文集は、今ぼくが書いているような名文調で高尚で含蓄あることばを選んで使い気迫のみなぎっているなんてことの全然ないものばかり載るのではないかという気がしている。しかし、十六期生のには論文あり、小説あり、エッセイあり、人生論ありで、中には星座の赤道座標の位置などをずらっと並べた観測表まである（しかし二十二期にも変人奇人が多かったから何かもっとすごいのを書く奴がいるかもしれないが……）。

最近をふりかえってみると、二十期生に変人奇人が多かったように思われる。さて、話をもとにもどして（といっても実はもどるところがないのだが）、我々二十二期生のことについて書こう。イヤ、これは平沼が俺に書け！といってくれたのだから俺のことについて少し書くことにしよう。

僕個人としては高校3年間はやはり自分が成長して大きく変わった、というより、自分というものが次第にはっきりしてきた時期であったと思う。そして非常に良い友人ができ、こんなに知的刺激を受けられた教駒というところはかけがえのない所であったと思う。教駒にいた6年間は今後にも大きく影響するものと思う。客観的にも主観的にも恵まれていたと思う。

しかし、それでは教駒のどこが良かったのかというといろいろ問題が出てくる。教駒は高等学校である。そして受験校であると言われることもある。が、僕が3年間通ってみて結局ぼくは教駒から何を得たかというと、それは高校の教育課程でもなければましてや受験のテクニックでもない。高3も終りという今何が残ったかと言えば、それはおぼろげながらもはっきりしてきた自分、「自己」というものである。強い面と弱い面のある自己、常に矛盾し相対峙している二律背反の同居する自己、またそういう自己を矛盾した自己としてとらえることのできる自己、そういうものをぼくは3年間かけて追求してきた。ぼくという人間の内面における静かな、しかし果てしない戦いであった。そして現在でも、いやぼくが生きている限りこの戦いは続くであろう。つまり、それらの日々の葛藤に刺激を与えたこの上ない場として教駒、教駒という共同体があったのである。

教駒の3年間は客観的にみれば、あるいは皮相的にみれば、或る「学力」がつき、「良い学校」で楽しく勉強をし、スポーツをしてきたとなるだろう。たしかに教駒というところは非常に楽しかった。いや「楽しいおもちゃがたくさんつまっていた」と言うべきだろう。しかし、おもちゃをかたづけてしまった後に残ったものは何だったのだろうか。そして、楽しかった、あるいは苦しかった3年間にぼくらは結局何を学び何を得たのであろうか。これらの問いに対する答えはまだ高校という殻の中に居て受験というものと格闘している現在は出ないかもしれない。いや、大学で学んだからといってぼくらが十六、十七、十八歳と過した高校時代についてまともなことが言えるとは思われない。しかし、これらの問いは常に考えていかなくてはならない問いではないだろうか。もちろん高校時代だけではない、全ての時期について我々が発していかなければならない問いであろうとぼくは考える。

高校時代の締めくくりとして、自分の考えを載せる頃度よい機会があったので、普段考えていたことを書いてみた。なにぶん下書きなしでぶっつけ本番なので最初のあたりくだらないことを書きすぎたと思うが、高校時代文を書くのもこれが最後、あとは不合格体験記は書きたくないなあというのが今の心境です。

講義レポート

野田秀樹さんとの対談のバックグランドとして、人間が社会を作る情報基盤という観点から論を進めたい。現代の高度な資本主義社会を成り立たせた背景を、私が専門とする地球科学の最先端の研究結果も絡めて説明してみよう。ここでのキーワードは「情報」と「メディア」である。

現生人類は二〇万年ほど前に誕生したホモ・サピエンス（Homo sapiens）の子孫であるが、その学名がラテン語で「賢い人」と名づけられたように、最大の特徴は大きな脳から発する「知恵」である。そして現代では人類が持つ大部分の知恵は「情報」として記録され、高度な情報社会を形成してきた。ここで情報を伝達する媒体（メディア）が重要となってきたのである。

特に、二〇世紀に入ってからメディアが情報の中身（コンテンツ）に対しても大きく影響するようになり、いわゆる「大衆社会」が誕生した。ここからコンテンツとメディアの関係は人文科学者だけでなく自然科学者にとっても重要なテーマとなり、社会学者と哲学者と脳科学者たちが刺激的な議論を展開するようになった。

人類が初めて芸術を残した頃から現代まで、情報とメディアは不可分の関係にある。例えば、紀元前一万五千年頃に描かれたラスコー洞窟の壁画からマルセル・デュシャン（一八八七〜一九六八）の『泉』（一九一七年製作）まで、「何を対象にするか」と「いかに表現するか」の関係性は、常にホットなテーマである。そして、野田さんは舞台芸術という分野で斬新な成果を発信し続けている。

メディアはメッセージ

今回のレポートでは三冊の古典を取り上げながら議論を進めたい。最初に参照する古典は、情報とメディアの相関関係を研究した書籍である。マクルーハン著『メディア論』（みすず書房、一九八七年）は三千年に及ぶ人類の文化史を、情報媒体の変化という視点で包括的に論じた。

この本の第一部ではメディアの機能に関する総論を述べ、第二部では言葉、漫画、ラジオ、テレビなど個々の媒体が社会に与えた影響を検証する。

マーシャル・マクルーハン（一九一一〜八〇）が論壇で活躍した時代に、テレビが急速に普及した結果、人々の価値観と感性を大幅に変えていった。この点に注目した彼は「メディアはメッセージである」などコミュニケーションの本質を凝縮したコピーを次々と提出し、インターネット後の世界を考える際でも重要な示唆を与えた。

ここで、西欧の文明史三千年の中で人類が経験した三つの大変革についておさらいをしておこう。第一の変革は、アルファベット文字の発明である。

これによって、それまで口承で伝えられてきた遊牧民の物語が、初めて文字で表記されるようになった。例えば、紀元前八世紀に書かれたホメロスの長編叙事詩『イリアス』を読みながら、人は戦争と民族について考えるようになったのである。

こうした状況は一五世紀にヨハネス・グーテンベルク（一三九八頃～一四六八）が印刷機を発明したことで劇的に変わった。それまでは読む行為といえば「音読」だったが、印刷本が誕生してから人々は「黙読」するようになった。すなわち、人間の情報収集が「聴覚型」から「視覚型」へ変化した、という第二の変革である。

書物の登場により、人は一人で部屋に閉じこもって自己の世界へ没入するようになった。結果として、中世から近代へとコミュニケーションの構造を大きく変える契機が与えられたのである。

第三の変革は、二〇世紀の電子技術の進展によるテレビの登場である。書物に比べると内容が非常に薄いけれども、テレビからは膨大な視聴覚情報が流れてくる。受け身で見ている人は、世の中の全体を直感的に理解するようになる。また、テレビはコマーシャルなどの資本主義と深く結びつき、良くも悪くも人間の行動様式を大きく変革した。

マクルーハンはこうした状況を「メディアはメッセージである」というキャッチフレーズで先鋭に表現する。彼がこう指摘する以前は、情報の媒体であるメディアは単なるツールに過ぎず、メディアを使って伝えられる中身こそが重要であると考えられていた。しかし実際には、アルファベットや印刷本やテレビといった媒体が、文化そのものを変えてしまったのである。

「情報の中身よりも媒体が世界を変容させる」という新しい発想が、今から五〇年も前に生まれた。

中身より媒体のインパクトに着目した、こうしたマクルーハンの見方は、世界に衝撃を与えた。

熱いメディアと冷たいメディア

マクルーハンは情報媒体を、「熱いメディア」と「冷たいメディア」の二つに分ける。「熱いメディア」とは単一の感覚を「高精細度（high definition）」で拡張するメディアのことである。なお「高精細度」とは、データが十分に満たされた状態のことを言う。

そして「熱いメディア」の代表はラジオであり、テレビは「冷たいメディア」として分類する。特に、ラジオはリスナーに対して音だけで囁《ささや》くように情報を伝え、人を揺り動かす力を持つ。一方、テレビにはそれがなく、大量の情報を冷ややかに垂れ流す。この違いを「熱い」と「冷たい」とマクルーハンは表現したのである。

ちなみに、私が高校生だった頃、同級生はみなラジオの深夜番組を午前三時くらいまで聴いていた。すなわち、一九七〇年代のティーンエージャーは世界的に、テレビに背を向けてプライベートな空間を作るラジオへ向かっていたのだ。

自分と好みの合う人だけが集まる「共同体」と緊密につながろうとするのは、この時代のラジオに本来的な特徴だった。野田さんや私も含めて教駒の同級生たちが、眠い目をこすりながら一時間目の授業に出ていたことを、今でもありありと思い出す。

そして二一世紀に入り世界中で流行しているツイッターは、熱いメディアの現代版と言ってよいかもしれない。そして野田演劇の舞台演出は、こうした熱いメディアと冷たいメディアの双方を見事に組み込んでいるように私にはいつも思える（一〇四頁参照）。

ラジオ風のQ&A

熱いメディアの技法は、一人ひとりに直接伝達するコミュニケーションとして有力である。例えば、私は京大の講義の中でラジオのディスク・ジョッキー風のQ＆A（質疑応答）を取り入れている。前もって学生たちに白い紙を配り、質問・感想・意見を自由に書いてもらう。次の講義時間に、記された内容に対して私はアドリブで答えるのである。

ラジオ番組と同じく、紙にはペンネームで名前を記してもらい、匿名性を確保する。こうした方法によって、講義に対する学生のニーズを的確に把握しつつ、学生個人との意思疎通を得ることが可能になった。

なお、講義の中では「熱いメディア」としてのQ＆Aとともに、「冷たいメディア」であるビデオ動画も取り入れた。火山の噴火を理解するには、実物の映像を見てもらうのが一番だからだ。

私にとってマクルーハンの発想は、通例おもしろくないとされる大学の講義を活性化するための斬新な方策をいくつも教えてくれた。そのポイントは、熱いもしくは冷たいメディアを使い分けることで、効果的に情報を伝達し「人を動かす」ことができるという点である（拙著『一生モノの人脈術』東洋経済新報社、二〇一〇年を参照）。

しかも、こうしたメディアは時とともに変化してゆくが、その方向性を予測する際には、「芸術」的な感性がきわめて重要である。すなわち、芸術的な感性が「メディアの将来」を決める、と言っても過言ではない。

新しい技術が新しい環境を生み出すにつれ、未来の環境を知る手段を芸術が提供してくれるのである。そしてマクルーハンはこう説く。芸術には未来の発展と危険を予測する「早期警報装置」としての力が備わっている、と。本書のサブタイトルも、ここに由来しているのである。

こうした観点から、芸術は単なる社会の遊びではなく、万人の必需品としての意義を持つようになった。マクルーハンは「レーダー環境としての芸術」と表現するが、未来社会を予測する芸術は、かつてのようなエリートの特権的な教養という役割ではなくなったのだ。

すなわち、高度な情報社会が到来して以後の芸術は、人間に欠かせない「知覚と感覚の訓練」という特殊な機能を持つようになったのである。私が野田演劇に熱中するようになったのも、まさにこれを知りたいと思ったからである。

マクルーハンはさらに、芸術によって未来がある程度予測できた場合にも、来るべき大変化を回避することはできない、と考えた。ここで、芸術の目的は、人間の日常生活を劇的に変えさせることではなく、むしろ、「感性を摩滅させない」という平凡な道を支えることにある。例えば、マルセル・デュシャンたちが提起した支離滅裂な革新では、常識外れの刺激を与えることにより「感性を摩滅させない」ことに成功した。

既に多くの芸術家が気づいていることだが、新しい技術が登場するたびに目標を更新することは空しいのである。したがって、今後どのような新しいメディアが出現しようとも、我々はそれらとともに共存してゆかざるを得ない。しかも、好き嫌いにかかわらず、倫理的に正しいか否かにかかわらず、である。野田さんのロンドンでのワークショップ（一四九頁）を参照していただきたい。

さて、一九八〇年に亡くなったマクルーハンは、現代のようにインターネットが席巻する破格の世界を知ることはなかった。しかし、メディアが世界を変えるという彼のマクロ的かつ斬新な視座は、現在もなお精彩を失うことはない。そして私は野田さんが行ってきた様々な試行錯誤の中に、こうした志向を感じてきた。知覚と感覚を研ぎ澄ます作業が現在もＮＯＤＡ・ＭＡＰで続けられている。

地球の時間軸

さて、野田演劇に流れる「時間軸」について、私が専門とする地球科学から述べておこう。四六億年に及ぶ地球の歴史を対象とする地球科学には、特有の時間軸がある（拙著『地球の歴史』中公新書、二〇一七年を参照）。例えば、人間にとって身近な一万年前以降を、「農業革命」「都市革命」「精神革命」「科学革命（産業革命）」「情報・環境革命」という五つの期に分けて考察する（図1）。ここに地球環境を的確に捉える視座が埋め込まれている。

具体的に見ていこう。一七世紀にヨーロッパで「科学革命」が始まり近代科学が成立した。それ以降の人類は、技術の力で自分たちの住む地球環境を改変するようになった。

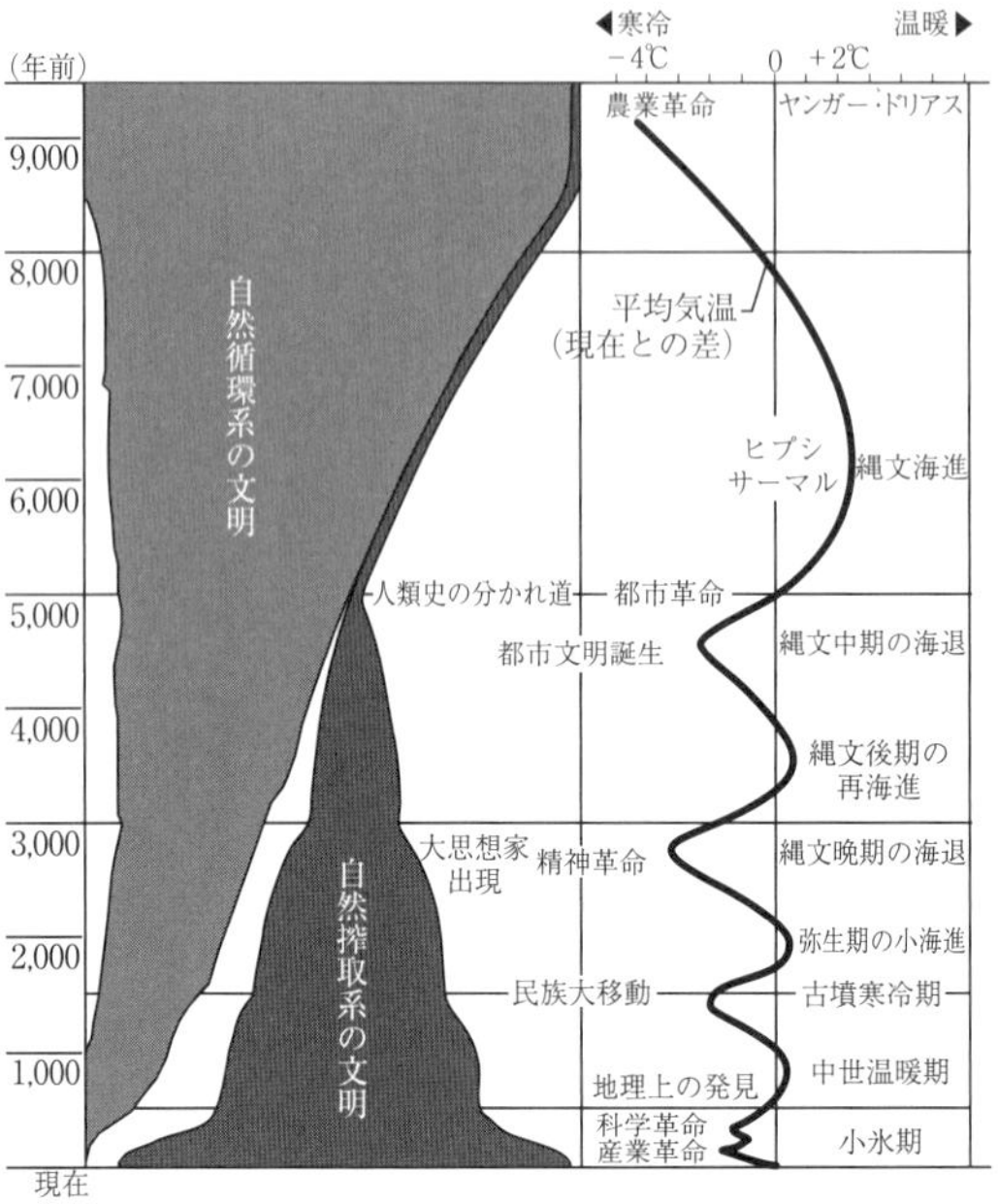

図1　1万年前以降の気候の変化と文明の盛衰
（安田喜憲氏の図を一部改変。）

特筆すべき思想家として、精神と物質とを分離して自然科学を誕生させたルネ・デカルト（一五九六～一六五〇）と、自然支配の理念を確立したフランシス・ベーコン（一五六一～一六二六）が挙げられる。

そして近代科学は、一八世紀後半から始まる産業革命とも結びつき、社会に大きな影響力を持ち始めた。すなわち、物質や世界を細かく分けて解析・利用する「要素還元主義」が、威力を発揮した時代である。

その後、一九世紀の帝国主義や資本主義の進展から、二〇世紀の科学技術の爆発的な発展へとつながり、インターネットを用いた現代の「情報・環境革命」にまで突き進んでい

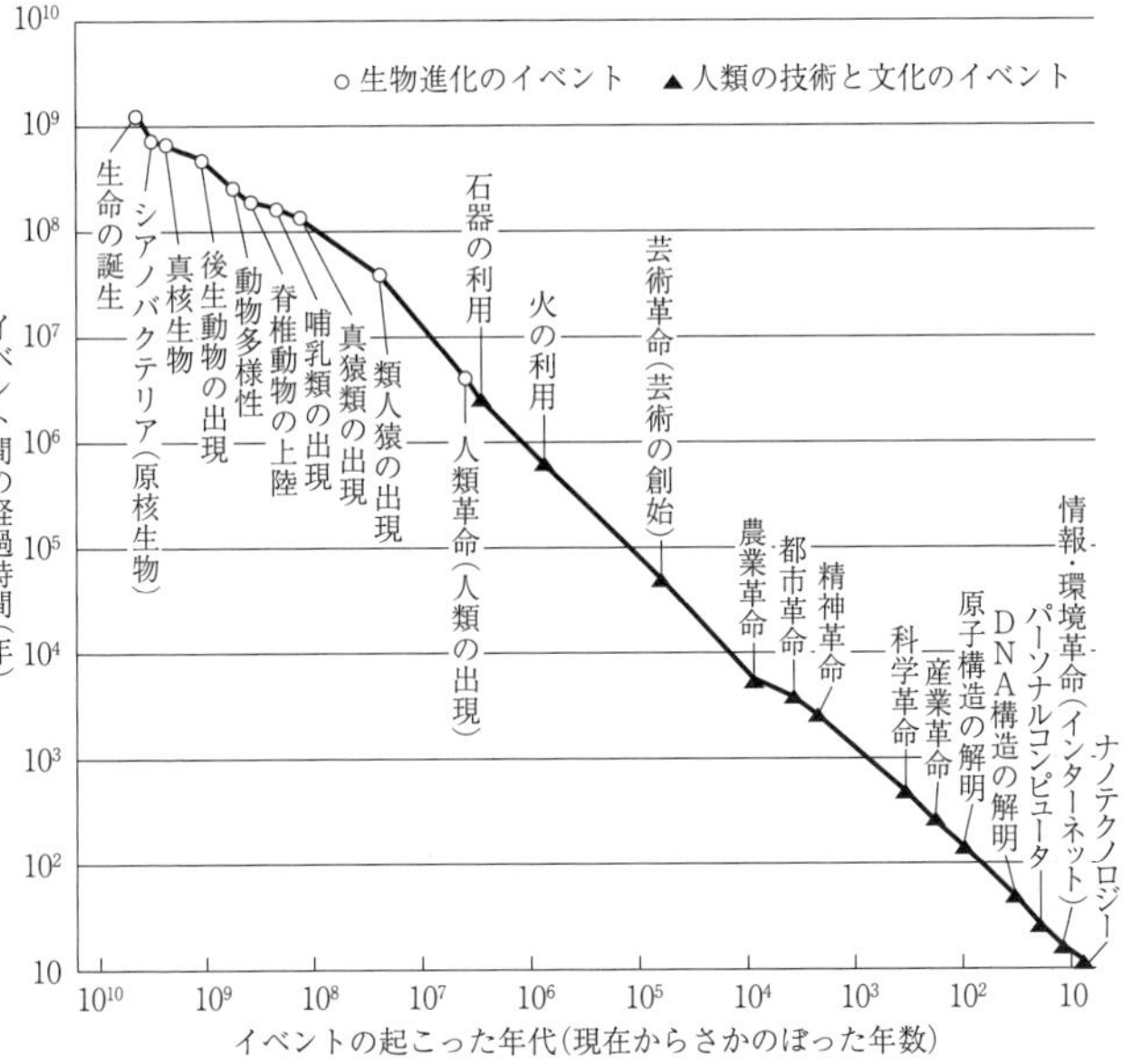

図２　生物の進化と技術の進歩が要した時間
（レイ・カーツワイル氏と平朝彦氏の図を一部改変。）

った。

そして、最後にあたる六番目の「情報・環境革命」は二〇世紀の後半から始まり、現在も進行中である。二〇世紀の人類は地球環境をさらに大きく改変する力を発揮した。その結果、大気中の二酸化炭素濃度の増加や海洋汚染・地質汚染など、大衆消費社会の出現によって環境破壊が急速に進んだのである。

実は、それまでの人類が経験してきた環境変動は、もともと地球に内在する変動現象であり、非常に長い時間をかけて進行したものだった。ところが、「情報・環境革命」で人間がもたらした変化は、きわめて速い速度で地球環境を変えつつある。その原動力は、人類が獲得した技術が例のない速度で進歩を続けていることにあるのだ。次の技術が生まれるまでの時間が、ケタ違いに速くなっていると言っても過言ではない（図2）。

もう一つ、「情報・環境革命」には危機的な側面がある。これまでは一地域で環境異変が起こって生存が脅かされたとしても、別の地域へ移動すれば生き延びることが可能だった。これが文明の拡散を生み出した、というプラスの側面もあった。

ところが、現代の環境異変はグローバルで起きており、もはや逃げ場がない。「宇宙船地球号」という閉じた空間で、増大する欲望にまかせた結果、取り返しがつかない状況に陥ってしまったのである。こうしたテーマも野田演劇の根底に横たわっており、観客は世界で起きている環境異変を、目の前で展開する劇を通して感じることができるのである。

世阿弥の『風姿花伝』

次に、野田さんの演劇作法に通じるものとして、世阿弥《ぜあみ》著『風姿花伝』を取り上げておきたい。これは世阿弥（一三六三頃～一四四三頃）が能の作法を通じて「学び」の本質を語った古典である。今から六〇〇年ほど前の室町時代に、能の修業や演出に関する方法論を記したものだ。具体的には、七歳から五〇歳過ぎまで時期ごとの稽古の方法や、芸を見せる工夫について詳細に述べている。

世阿弥は後に能を大成したのだが、能の舞い方や役者の心の持ちようについて書きつづったものだ。実は、父の観阿弥から「口伝」で教示されたという特徴を持つ。すなわち、文字ではなく音声と身体の動きで伝達された門外不出の「情報」なのである。

ここでは能楽の具体的な作法を論じつつ、世阿弥の芸術論が縦横無尽に展開される。能を舞う心得とともに、能役者としての生き方についても懇切丁寧に教え諭《さと》すのだ。能が生き残るための戦略と戦術を示した、代々の能楽家に伝わる秘伝で、『花伝書《かでんしょ》』とも呼ばれている。

作者の世阿弥は非常に優れた役者だったが、稀代の伝道者でもあった。芸術的な表現技術のみならず、芸事一般を学ぶ際の本質を懇切丁寧に説く点が、伝道者としての真骨頂である。さらに、新しいことを習得する場合の「コツ」が六〇〇年たった現代でも些《いささ》かも古びていないことに、まず驚かされる。

例えば『風姿花伝』の序章には「達人」という言葉が出てくる。今と同じく、ものごとに上達した人という意味だが、本文には「名人」も登場する。達人より上の技術を持つ人のことで、達人から名人へ自らの芸を磨いていくことの重要性を諄々と説く。このあたりに関しては、私は野田さんとの対談で同じことを感じていた。

さて、世阿弥は、新しいことを学ぶときは、徹底的によいものをまねることを勧めた。どんな些細なことでも写実的にまねてみよ、と説く。写実とは、目に見える優れた点を素直に学ぶことである。写実を行うことで本質が身についてくると言うのである。

例えば、「学ぶ」という語は「真似《まね》ぶ」に由来する。真に似せることから真似ぶという言葉ができ、学ぶとなったと考えられている。すなわち、「学ぶ」とは「まねぶ」つまり真似ることから始まるのだ。学びの精神の元はまさに真似る精神なのである。

こうした物まねを謙虚に続けていくことによって、最後には似せただけのレベルを超えた境地に達する。これを世阿弥は「似せぬ位《くらい》」と表現する。こうした境地は、一生懸命学んだ後に、技巧を超えて出現する。それはその人が持つ本来のオリジナリティーと言えるのだ。野田さんのワークショップにも通底する合理的な技術習得法がここにある。

「離見の見」という視座

『風姿花伝』には「秘すれば花、秘せねば花なるべからず」という有名な言葉がある（「花伝第七」）。秘密にしておくからこそ素晴らしいので、もし公開してしまったら花ではない、という意味である。

芸能には「一子相伝《そうでん》」という戦略的な概念がある。芸能の最も大事な奥義は公開せず、一人の子にだけ口伝えで教えるというものだ。『風姿花伝』もまさにその一つである。驚くことに、その存在が知られたのは明治期になってからで、明治四二年に写本が発見され『世阿弥十六部集』として刊行された。それまでこの内容は子々孫々、秘密裏に伝えられていたのである。

そして世阿弥が一子相伝としていた考え方の第一に、「離見の見」がある。六一歳のときに著した『花鏡』に出てくる言葉だが、『風姿花伝』にその萌芽を読み取ることができる。

離見の見とは、役者が能を舞っている最中には、舞っている自分を冷静に見る別の自分が必要であり、能舞台すべてを一望するような別の認識主体が大切だ、ということである。それは観客の目でもある。舞っている最中の能役者を外部の視点で眺め、その観察結果を自分の舞にフィードバックさせることが重要なのだ。

これを現代心理学では「メタ認知」という。行動している自分を他人のように観察するもう一人の別の存在のことである。いわば自分の頭の上方に「心の眼」を据えて、この眼によって自分自身を客観的に見つめる作業を絶えず行うということである。

自分の外の眼で我が身の行動を冷静に観察する方法は、すべての知的生産の中で重要だ。『風姿花伝』には能のみならず人間の行動観察に関するエッセンスが集約されていると言っても過言ではない。

「時流」に乗る

『風姿花伝』は、学んで身につけた内容をいかに世間へ披露すればよいかも、親身に教えてくれる。能の観客に対していかにアピールし、人気を博すかを詳細に考察する。それと同時に、よい評判を維持するにはどうすればよいかを、具体的に教え諭す。芸のパーフォーマンスからブランドの確立と維持までの戦略が、『風姿花伝』には盛り込まれているのである。

これには成立した時代背景が関わっている。世阿弥は、室町幕府の三代将軍、足利義満の庇護を受け、従来の申楽《さるがく》を発展させて能として大成した。しかし四〇歳を過ぎ、支持者の義満が亡くなった後は、時の権力を味方につけるための方策を練る必要に迫られる。いくらよい演技をしても認められなければおしまいだ、という冷徹な論理が『風姿花伝』の終盤に貫かれている。

世阿弥は「時分にも恐るべし」と記しているが、時機もしくは時の運というものが非常に大切だと説くのだ。例えば、時の運が上昇し発展している場合には、得意な演目を派手に披露するのがよい。反対に、時の運が下降しているときにはあまり目立たない演目で控えめに見せることを推奨する。

これを現代のビジネスに当てはめれば、好況と不況に当たるだろうか。しかも、時の運の上昇期と下降期は、人間の力では如何《いかん》ともしがたいものである、と断言する。したがって、時の運に素直に従いながら日常を送り、いずれチャンスが巡ってきたときに時流に乗ればよいというフレキシブル（柔軟）な発想が生まれる。これは私が講演会で若いビジネスパーソン向けにいつも話すテーマでもある。

そもそも世阿弥は勝負師であった。それを裏づけるように『風姿花伝』には盛んに「勝負」という言葉が出てくる。能楽という一見すると優美な芸術も、実は勝負の世界のものなのだ。能が社会で正当に評価され、長い間維持されるためには、兵法に劣らぬ戦略と戦術が必要だったのである。そして野田さんも語っているようにNODA・MAPにもブランド確立の現代的な戦略がある。

こうした話は、学問や科学の世界でも全く同じなのだ。自分は優れた研究をしている、といくら主張しても、世間で理解されなければ研究費もポストもつかない。私は『風姿花伝』を京大に着任してから改めて読み返したのだが、世阿弥が『風姿花伝』で主張していることは他人事《ひとごと》には思えなかった。科学者も芸術家も、時のもたらすチャンスに素直に従い時流に乗らなければ自分らしい結果は出せないからだ。

演劇を高校生に！

野田さんが東京芸術劇場の芸術監督を引き受けたことで、社会にインパクトを与えたことがある。それは若い人たちが芝居に通うようになったことだ。私は京大の講義で必ずQ＆A（質疑応答）の時間を設けているが、文学部の一回生が長文の感想を書いてきた。

彼女が高校生だった頃に、非常に上質な演劇を一〇〇〇円ぽっきりで何回か見たことがあるという。それは東京芸術劇場で野田さんが「高校生が演劇に触れる機会を増やそう」と始めた事業のおかげだったそうだ。

具体的には、一〇〇〇円で見た演目の中で一番のお気に入りが『足跡姫』（二〇一七年一～三月公演）だったと言う。おそらく、このような高校生が日本中に何万人といたに違いなく、その中から「未来の野田秀樹」が誕生するかもしれない。

実は、このエピソードにはもう一つオマケ話がついている。この感想が出る前の週に、学生から「先生には一生の友人と言える人が何人いますか？」という質問があった。私はこれに答えるべく自問自答していたのだが、なかなか回答が定まらなかった。

結局、私にとって一生の友とは自分が満足する「知的な会話」ができる友人である。しかも、一方通行ではなく双方向の知的な「セッション」である。しかも、その知的な会話は過去を追うのではなく、未来に向けて開いていなければならない。こうしたことが、学生の質問を契機として朧気《おぼろげ》ながらわかってきたのである。

すなわち、この対談で熱く語ったように、想定外に満ちた未来を予測するような刺激的なセッションがしたいのである。こうしたことを考えたとき、野田さんの名前が一番に浮かんできた。

私にとって人生で出会う人すべてが大切な人で、かけがえのない一期一会を授かったといつも思っている。その中からが一生に渡って付き合う人を抽出するとは、あまり考えてもみなかった。

私は京大で二〇年以上行っている「地球科学入門」の講義の中で、野田さんと同級生であることを学生たちにしばしば語る。というのは、科学を教えるときにその対極にある芸術を持ち出すことで、科学の本質が照射されるからだ。先鋭なコントラストを提示することは、教育の基本的テクニックなのである（拙著『京大理系教授の伝える技術』ＰＨＰ新書、二〇一三年を参照）。

そして野田秀樹の話を学生たちは食い入るように聴いている。おそらく若い世代に対して最も影響力のある演劇人だからだろう。こうした流れから出た今年のＱ＆Ａが今回の対談に連続したことが、私にはとても感慨深かった。

シェイクスピアの話法

野田さんはイギリスに渡り、芝居の本場で見事に「道場破り」をやってのけた。よって講義レポートのおわりに、演劇の古典である文豪ウィリアム・シェイクスピア（一五六四～一六一六）の作品を取り上げたい。『ジュリアス・シーザー』は一五九九年に書かれたシェイクスピア円熟期の傑作であり、「ブルータス、おまえもか」の有名な一節を含むローマ悲劇連作の第一作だ。

誰もがよく知るストーリーは、ローマ君主のシーザー（カエサル、紀元前一〇〇～紀元前四四）の暗殺と、その後のブルータス（紀元前八五～紀元前四二）とアントニー（アントニウス、紀元前八三～紀元前三〇）による権力闘争を軸とした歴史悲劇である。ここでは史実を忠実に再現することよりも、人間の本性をえぐり出す会話に戯曲の真骨頂が表れている。

全体は三つの山場からなる。最初の山場は凡人英雄シーザーの哀しい生と死の姿である。次の山場はシーザー亡き後の権力闘争の場におけるアントニーの見事な弁舌。三つ目の山場では、理念に生きるブルータスと現実主義者キャシアスの対立葛藤が描かれる。

描かれているのは、シェイクスピアによる鋭い人間観察と、人が言葉だけであやつられる現実の恐怖だ。シーザーを暗殺したブルータスはその理由を群衆に理解してもらおうと、知性と論理を駆使して雄弁に訴える。ブルータスがシーザーの権力を欲していたことは紛れもないのだが、彼はそのことを上手に論理の力で覆い隠す。

そして彼はシーザーを殺さなければならなかった理由を、シーザーからローマ人の自由を守るためだ、という明快な論理で説明した。彼が語る理念と崇高さは、物語の中に出てくる大衆だけでなく、現代の読者をも徐々に納得させていく。論理的にかつ整然と論じれば人が動く、と信じる実力者ブルータスの悲劇が、ここから始まるのである。

さらに、ブルータス以上に人心をつかむ演説として、アントニーによる見事な弁舌が描かれる。ブルータスの後に行われたシーザーに向かっての弔辞は、理知的なものとは異なるもう一つの雄弁術があることを我々に教えてくれる。アントニーは感情に訴える演説を行い、人間の心の中へ忍び込んだのだ。

「論理」は「感情」には勝てない

論理を操るブルータスに対して、感情を操るアントニー。その対比が台詞で鮮やかに描き分けられている。一読すると、アントニーはブルータスを讃《たた》えているようでありながら、実は暗殺者ブルータスへの怒りが徐々に引き出されるように語っている。その巧みな言葉遣いに、読者は取り憑《つ》かれてしまうのだ。圧巻はアントニーがシーザーの遺言状をかざしながら、民衆を煽る場面である。

人々は論理的な話術より感情に訴える話法に動かされるのである。こうして先ほどまでの英雄ブルータスは、瞬く間に反逆者にされてしまう。見事な台詞に驚愕しつつ、我々は情動に訴える話術の効果を思い知るのだ（拙著『使える！作家の名文方程式』PHP文庫、二〇一一年を参照）。

シェイクスピアの戯曲を読む意義は、ブルータスのような論理的な話術では、アントニーのような感情に訴える話法には勝てないことを理解する点にある。まさに、ポピュリズムが世界の至るところで勢力を伸ばしつつある現代にも当てはまる現象だ。そしてこれこそ野田さんが他の追随を許さず鋭く見せてくれる演劇世界なのである。

「背伸び文化」と教養

もちろん劇作家はシェイクスピア以後現代まで数多く存在する。しかし、人間関係の機微をこうした形で描き切っているのはシェイクスピアが断トツではないか。おそらく彼が生きていたエリザベス王朝期の舞台劇のあり方が影響しているからだろう。

当時は今の寄席のような狭い空間で、観客と演じ手が、互いに接近した状態で劇を上演していた。そのために観客は、現代よりも役者をずっと身近に感じ、台詞を細かく楽しむことができた。

さらに当時の演劇では舞台の背景がなかったのである。装飾や小物がほとんどない舞台は、昨今の大仕掛けの劇場と異なり、言葉重視の空間が創り出されていた。こうした中で一字一句をゆるがせにしないシェイクスピアの戯曲は、すべての台詞が効果を狙っていると言ってもよい。野田さんが戯曲の細部にこだわる意図もそこにあるのではないだろうか。

ちなみに彼の脚本はシェイクスピアと同じように、掛詞《かけことば》がたくさん使われている。さらに野田さんは、言葉遊びから新たにプロットを作ったりもする。戯曲を丹念に読むと台詞の中から教養がこぼれ落ちる感じなのだが、話の出典が随所に広がっている点も非常に興味深い。つまり、時事問題から大古典まで引いてあり、プラトン『饗宴』のエピソードなどがさり気なく挿入されている。

これは我々が高校時代を過ごした「背伸び文化」とも関係がある。教駒では同級生に「お前、それくらいは読んでるよな?」と思いつつ、でも絶対にそれを表では言わない。さりげなくシェイクスピアでも引用して、「あ、こいつすごく本読んでる!」と思わせる。

つまり、野田さんも私も、教養は「当たり前」のように自然に身についているべきものでなければならなかった。逆に、教養を鎧甲《よろいかぶと》のように身に纏《まと》ったのでは、非常に「カッコ悪い」のだ。微笑ましい「背伸び文化」の競争をしていたのである。これは「はしがき」で取り上げた庄司薫が在籍した一九五〇年代の日比谷高校も同じだったのではないかと思う。

だから野田さんは東大に入学して教室へこそ行かなかったけれど、ムチャクチャに本を読んで必死に模索していた。こうした疾風怒濤《しっぷうどとう》の青春と古き良き時代の「教養」について、今回の対談では思う存分に語り合うことができた。野田さんのようなオリジナルな生き方を、私は教え子の京大生とビジネスパーソンにこれからも伝えてゆきたいと思う。

最後になりましたが、今回も見事な編集をしてくださったミネルヴァ書房の前田有美さんに心より感謝申し上げます。

鎌田浩毅

あとがき

『贋作 桜の森の満開の下』の東京公演（二〇一八年九月）を観に来た鎌田さんが、「あとがき」に今年（二〇一八年）の年賀状の文章を転載してほしいと言う。楽屋で改めて読んだら結構いいことが書いてあるので以下に記しておこう。

あけましておめでとうございます。

今年も、私と同年輩のみなさまには、読みづらい小さな字でお年賀させていただきます。ここ数年、年末年始は、新作の稽古、本番に逐《お》われ、ゆったりとした正月など迎えられずにおりました。（ま、主に台本執筆が遅れたことが理由です）しかし、この年末は、せかせかとしたクリスマスソングも年の瀬の雑踏も、自分へのいやがらせに思えず、人様同様の心で過しております。

たった今も、私が教鞭を執《と》っている多摩美大の演劇科の卒業公演を昼間から見るという余裕です。その芝居、初めは、古くさ〜い演技をする学生を見て暗澹《あんたん》たる気持ちになりましたが、次第に未熟でも突き進む学生たちの姿に、（感動するほどの私は甘ちゃんではありませんが）ちょっとほっこりとし、口元が緩《ゆる》み、少し多めの拍手をしました。初心に返ろうなどとは思いませんが、私はいつも劇場の中で起こる奇蹟を信じている面倒臭い演劇信者だと確信しました。近頃は、学生たちのような、次の次の世代あたりに芝居のことを語ったり、次の世代を評価する賞の選考委員のような仕事が増えて、私なりに「じゃあ、お前は一体、今、何をやってんだよ、バーカ」と自問自答する毎日です。

そういうわけで、今年は修行の旅です。春先から、ロンドンを中心に『Ｏｎｅ Ｇｒｅｅｎ Ｂｏｔｔｌｅ』という芝居のヨーロッパ公演をし、秋にはパリで『まだ演目は発表できませんが…』を上演し、海外の厳しい視線《まなざし》に我が身と我が作品を晒《さら》して、あわよくば、ひどい目に会って帰ってくる覚悟であります。小さな字は読みづらくなっている現実を無視し「老い」を受け入れようとしない卑怯者として、今年も邁進していく所存です。お見知りおきのほどを。

二〇一八年

野田秀樹

野田秀樹年譜

西暦	和暦	齢	関連事項	一般事項
一九五五	昭和三〇	0	**12・20** 長崎県西海市崎戸町に生まれる。	ワルシャワ条約機構成立。
一九六〇	三五	5	上京。	新安保条約調印。
一九六二	三七	7	**4月** 渋谷区立幡代小学校入学。	
一九六八	四三	13	**4月** 渋谷区立代々木中学校入学。	チェコスロヴァキアで自由化運動「プラハの春」。パリで学生運動「五月革命」。日本でも学生運動激化。東大安田講堂事件（翌1月）。川端康成、ノーベル文学賞受賞。
一九七一	四六	16	**4月** 東京教育大学附属駒場高等学校入学。	ニクソン・ショック（金・ドル交換停止）。沖縄返還協定調印。
一九七二	四七	17	**10月** 処女戯曲『アイと死をみつめて』自作自演（演劇部）。	浅間山荘事件。

一九七三	四八	18	**11月**『ひかりごけ』（文化祭クラス演劇）。	第一次石油危機。江崎玲於奈、ノーベル物理学賞受賞。
一九七五	五〇	20	**4月** 東京大学入学。東京大学演劇研究会に所属。 **7月**『白馬童子』上演。 **11月**『一本丸太助』上演（駒場祭）。	ベトナム戦争終結。
一九七六	五一	21	**4月** 劇団夢の遊眠社結成。 **5月** 夢の遊眠社第1回公演『咲かぬ咲かんの桜吹雪は咲き行くほどに咲き立ちて明け暮れないの物語』（駒場小劇場）。 **10月** 夢の遊眠社第2回公演『走れメルス　燃える下着はお好き』（VAN99ホール）。 **11月** 夢の遊眠社第3回公演『走れメルス（改訂版）』（東大駒場学生会館）。	ロッキード事件。
一九七七	五二	22	**6月** 夢の遊眠社第4回公演『つっぱれ！　おじょうず2万7千光年の旅』（駒場小劇場）。 **12月** 夢の遊眠社第5回公演『愛の嵐　親不知篇』（上智小劇場）。	
一九七八	五三	23	**6月** 夢の遊眠社第6回公演『怪盗乱魔　亭主と間男の共存できる家族制度を求めて』（上智小劇場、駒場小劇場）。	日中平和友好条約調印。

一九七九	五四	24	**12月** 夢の遊眠社第7回公演『走れメルス 少女の唇からはダイナマイト！』（上智小劇場、駒場小劇場）。 母恵美子が亡くなる。 **3月** 夢の遊眠社第8回公演『怪盗乱魔 亭主と間男の共存できる家族制度を求めて』（渋谷パルコ裏テント）。 **9〜10月** 夢の遊眠社第9回公演『少年狩り 末はあやめも知れぬ闇』（駒場小劇場）。	ソ連のアフガニスタン侵攻。
一九八〇	五五	25	**3〜4月** 夢の遊眠社第10回公演『二万七千光年の旅』（駒場小劇場）。 **6月** 夢の遊眠社第11回公演『二万七千光年の旅』（駒場小劇場）。 **9〜10月** 夢の遊眠社第12回公演『赤穂浪士 昆虫になれなかったファーブルの数学的帰納法』（駒場小劇場）。 **12月** 夢の遊眠社第13回公演『赤穂浪士 昆虫になれなかったファーブルの数学的帰納法』（駒場小劇場）。	イラン・イラク戦争。
一九八一	五六	26	**2月** 東京大学法学部中退。 **3月** 夢の遊眠社第14回公演『少年狩り 末はあやめも知れぬ闇』（紀伊國屋ホール）。 **6〜7月** 夢の遊眠社第15回公演『走れメルス 少女	福井謙一、ノーベル化学賞受賞。

			の唇からはダイナマイト！』（新宿もりえーる）。 **10月** 夢の遊眠社第16回公演『ゼンダ城の虜　苔むす僕らが嬰児の夜』（駒場小劇場）。	
一九八二	五七	27	**1月** 夢の遊眠社第17回公演『怪盗乱魔　亭主と間男の共存できる家族制度を求めて』（紀伊國屋ホール）。 **6月** 初の書き下ろし長編小説『空、見た子とか』（北宋社）刊行。 **7月** 夢の遊眠社第18回公演『ゼンダ城の虜　苔むす僕らが嬰児の夜』（紀伊國屋ホール）。 **10月** 夢の遊眠社第19回公演『野獣降臨（のけものきたりて）』（駒場小劇場）。	フォークランド紛争。
一九八三	五八	28	**1月** 第27回岸田國士戯曲賞受賞『野獣降臨』。 **1月** 夢の遊眠社第20回公演『走れメルス　少女の唇からはダイナマイト！』（紀伊國屋ホール）。 **3～4月** 夢の遊眠社第21回公演『大脱走　太田幸司さん、いかがおすごしですか』（東京・本多劇場）。 **9～10月** 夢の遊眠社第22回公演『小指の思い出』（本多劇場）。	大韓航空機撃墜事件。
一九八四	五九	29	**1月** 夢の遊眠社第23回公演『瓶詰のナポレオン』（紀伊國屋ホール）。 **4～5月** 夢の遊眠社第24回公演『野獣降臨』（本多	ガンディー首相暗殺。

一九八五	六〇	30	劇場、京都、芦屋）。 **10月**　夢の遊眠社第25回公演『回転人魚　あなたのお名前なんてーの？』（本多劇場）。 **2〜3月**　夢の遊眠社第26回公演『白夜の女騎士（ワルキューレ）』（紀伊國屋ホール、芦屋、名古屋、広島、岡山、福岡）。 **6〜8月**　夢の遊眠社第27回公演『彗星の使者（ジークフリート）』（茨城・科学万博つくば'85エキスポホール、大阪）。上演中に転落、腎臓を破り緊急入院。 **12〜翌2月**　夢の遊眠社第28回公演『宇宙（ワルハラ）蒸発』（本多劇場など全国9会場）。	プラザ合意。 日航ジャンボ機墜落事故。
一九八六	六一	31	**1月**　紀伊國屋演劇賞受賞。 **6月**　夢の遊眠社第29回公演〈結成10周年公演〉『石舞台星七変化（ストーンヘンジ）』三部作（『白夜の女騎士』『彗星の使者』『宇宙蒸発』）一挙上演（国立代々木競技場第一体育館）。 **7月**　東宝特別公演『野田秀樹の十二夜』作・演出（日生劇場）。 **7〜8月**　夢の遊眠社第30回公演『走れメルス　少女の唇からはダイナマイト！』（本多劇場、大阪・近鉄劇場）。	チェルノブイリ原発事故。 男女雇用機会均等法施行（日本）。

一九八七	六二	32	**9～10月** 夢の遊眠社第31回公演『小指の思い出』（本多劇場、近鉄劇場）。 **12月** 夢の遊眠社第32回公演『半神』（本多劇場）。 父康平が亡くなる。 **4～5月** 夢の遊眠社第33回公演『明るい冒険　見よ、ポロロッカ空に逝く！』（青山劇場）。 **8月** 英国エディンバラ国際芸術祭参加『野獣降臨』（ロイヤル・ライシアム・シアター）。 **10～11月** 第34回公演〈エディンバラ国際芸術祭参加記念〉『野獣降臨』（東京・日本青年館など全国7会場）。	ゴルバチョフによるペレストロイカ開始（ソ連）。 利根川進、ノーベル生理学・医学賞受賞。
一九八八	六三	33	**4～5月** 夢の遊眠社第35回公演『半神』（東京・シアターアプル、近鉄劇場）。 **5月** 東宝映画〈吉永小百合100本記念特別企画〉『鶴―つる―』出演（市川崑監督）。 **7月** 第1回ニューヨーク国際芸術祭参加『彗星の使者』（BAMマジェスティック・シアター）。 **8月** 夢の遊眠社第36回公演『彗星の使者』（パルテノン多摩野外特設劇場）。	
一九八九	平成元	34	**2～3月** 夢の遊眠社第37回公演『贋作・桜の森の満開の下　坂口安吾作品集より』（日本青年館、京	昭和天皇崩御。 消費税導入。

			都・南座）。 **夏頃** 筋肉トレーニング中に網膜中心動脈血栓となり、右目を失明。 **11～12月**『野田版 国性爺合戦』作・演出・出演（銀座セゾン劇場）。	天安門事件。 ベルリンの壁崩壊。 米・ソによるマルタ会談で冷戦終結。
一九九〇	二	35	**3～6月** 夢の遊眠社第38回公演『半神 リニューアル・バージョン』（全国10都市縦断公演）。 **8～9月** エディンバラ国際芸術祭参加『半神』（ロイヤル・ライシアム・シアター）。 **8月** 東宝特別公演『野田秀樹のから騒ぎ』作・演出（日生劇場）。 **10～12月** 夢の遊眠社第39回公演『三代目、りちゃあど』（東京・グローブ座、近鉄劇場）。 **12月** 文化庁芸術祭賞受賞『三代目、りちゃあど』。	東西ドイツ統一。
一九九一	三	36	**3～5月** 夢の遊眠社第40回公演『目に青葉ヤマホトトギス・赤穂浪士』（シアターアプル、近鉄劇場、福岡）。 **9～10月** 夢の遊眠社第41回公演『透明人間の蒸気（ゆげ）』（東京・シアターコクーン、神戸）。	湾岸戦争。 ソビエト連邦解体。
一九九二	四	37	**1～3月** 夢の遊眠社第42回公演『贋作・桜の森の満開の下』（日本青年館、大阪、名古屋）。	

			1月 第19回テアトロ演劇賞受賞。 **3月** 夢の遊眠社解散を発表。 **8月** 東宝特別公演『野田秀樹の真夏の夜の夢』作・演出（日生劇場）。 **9～11月** 夢の遊眠社第43回公演〈解散公演〉『ゼンダ城の虜　苔むす僕らが嬰児の夜』（近鉄劇場、シアターアプル）。 **11月～** 文化庁芸術家在外研修制度の留学生として、ロンドン滞在。	
一九九三	五	38	**10月** ロンドンより帰国。企画製作会社「NODA・MAP」設立。	欧州連合（EU）発足。
一九九四	六	39	**1～3月** NODA・MAP第1回公演『キル』（シアターコクーン、近鉄劇場）。 **12月** 東宝公演『虎　野田秀樹の国性爺合戦』作・演出（日生劇場）。	大江健三郎、ノーベル文学賞受賞。
一九九五	七	40	**4～6月** NODA・MAP第2回公演『贋作・罪と罰』（シアターコクーン、近鉄劇場）。 **12月** NODA・MAP番外公演（橋爪功×野田秀樹）二人芝居『し』（東京・六本木自由劇場）。	WTO（世界貿易機関）発足。 **1・17** 阪神・淡路大震災。 **3・20** オウム真理教による地下鉄サリン事件。
一九九六	八	41	**4～5月** NODA・MAP第3回公演『TABOO』（シアターコクーン）。	

一九九七	九	42	**9〜11月**　NODA・MAP番外公演『赤鬼』（大阪・近鉄アート館、東京・PARCO SPACE PART3）。**7〜8月**　NODA・MAP第4回公演『キル』（近鉄劇場、シアターコクーン）。	アジア通貨危機。
一九九八	一〇	43	**12月**　日・タイ現代演劇共同制作公演『赤鬼』作・演出（東京・シアタートラム）。**4〜5月**　NODA・MAP第5回公演『ローリング・ストーン』（シアターコクーン、近鉄劇場）。**5月**　日・タイ現代演劇共同制作公演『赤鬼』作・演出（バンコク公演）。	地球温暖化防止京都会議。
一九九九	一一	44	**12〜翌1月**　NODA・MAP番外公演『Ｒｉｇｈｔ Ｅｙｅ』（シアタートラム、近鉄アート館）。第2回鶴屋南北戯曲賞受賞『Ｒｉｇｈｔ Ｅｙｅ』。**4〜5月**　NODA・MAP第6回公演『半神』（シアターコクーン、近鉄劇場）。**9月**　日・タイ現代演劇共同制作公演『赤鬼』作・演出・出演（シアタートラム）。**11〜12月**　NODA・MAP第7回公演『パンドラの鐘』（世田谷パブリックシアター）。	欧州単一通貨ユーロ導入。コソボ紛争。NATO軍によるユーゴ空爆。
二〇〇〇	一二	45	第34回紀伊國屋演劇賞個人賞、平成11年度第50回芸術選奨文部大臣賞（演劇部門）、第7回読売演劇大賞	白川英樹、ノーベル化学賞受賞。

			最優秀作品賞、受賞『パンドラの鐘』。 **4〜5月** NODA・MAP第8回公演『カノン』（シアターコクーン、近鉄劇場）。 **9〜11月** NODA・MAP番外公演『農業少女』（シアタートラム、近鉄アート館）。	
二〇〇一	一三	46	**2月** NODA・MAPスペシャルステージ『2001人芝居（にせんひとりしばい）』（東京・スパイラルホール）。 **6月** 新国立劇場公演『贋作・桜の森の満開の下』（新国立劇場中劇場）。 **8月** 八月納涼歌舞伎『野田版　研辰の討たれ』脚本・演出（東京・歌舞伎座）。一八代目中村勘三郎（当時、勘九郎）と新作歌舞伎を手がける。	**9・11** アメリカ同時多発テロ事件。 **10月** アメリカ、アフガニスタン攻撃。 野依良治、ノーベル化学賞受賞。
二〇〇二	一四	47	**2月** シス・カンパニー企画・製作（一人芝居）『売り言葉』作・演出（スパイラルホール）。	小柴昌俊、ノーベル物理学賞、田中耕一、同化学賞受賞。 日朝首脳会談により拉致被害者五人が帰国。
二〇〇三	一五	48	**1〜2月** NODA・MAP英国公演『RED DEMON』（『赤鬼』英訳）（ロンドン・ヤングヴィックシアター）。ロンドンで現地制作した最初の作品。 **4〜6月** NODA・MAP第9回公演『オイル』	イラク戦争勃発、米英軍による攻撃が開始。

二〇〇四	一六	49	（シアターコクーン、近鉄劇場）。 **8月** 八月納涼歌舞伎『野田版　鼠小僧』脚本・演出（歌舞伎座）。 第11回読売演劇大賞最優秀作品賞受賞『オイル』。 **3〜4月** 新国立劇場公演『透明人間の蒸気』作・演出・出演（新国立劇場中劇場）。 **5月** 新国立劇場オペラ『マクベス』演出（新国立劇場オペラ劇場）。 **8〜10月** Bunkamura『赤鬼』ロンドン・タイ・日本三バージョン連続公演、作・演出・出演（シアターコクーン）。 **12〜翌1月** ＮＯＤＡ・ＭＡＰ第10回公演『走れメルス　少女の唇からはダイナマイト！』（シアターコクーン）。
二〇〇五	一七	50	第12回読売演劇大賞最優秀作品賞、最優秀演出家賞、受賞『赤鬼』。 **10月** ソウル国際芸術祭『パルガントッケビ』（『赤鬼』韓国バージョン）作・演出・出演（ソウル・韓国文芸振興院芸術劇場小劇場）。 **12〜翌1月** ＮＯＤＡ・ＭＡＰ第11回公演『贋作・罪と罰』（シアターコクーン、大阪・シアターＢＲＡ

二〇〇六	一八	51	VA!)。 **6～7月** NODA・MAP/SOHO THEATRE presents『THE BEE』作・演出・出演（ロンドン・ソーホー・シアター）。 **12～翌1月** NODA・MAP第12回公演『ロープ』（シアターコクーン）。	
二〇〇七	一九	52	第53回読売文学賞（戯曲シナリオ部門）受賞『ロープ』。 **6～7月** NODA・MAP番外公演『THE BEE』（日本バージョン&ロンドンバージョン）作・演出・出演（シアタートラム）。 **12～翌1月** NODA・MAP第13回公演『キル』（シアターコクーン）。	
二〇〇八	二〇	53	第15回読売演劇大賞大賞・最優秀作品賞、最優秀男優賞、最優秀演出家賞、第49回毎日芸術賞、第42回紀伊國屋演劇賞（NODA・MAPに団体賞）、受賞『THE BEE』。 **4月** 多摩美術大学造形表現学部映像演劇学科教授に就任。 **6～7月**『THE DIVER』作・演出・出演（ソーホー・シアター）。	リーマン=ショック。 南部陽一郎・小林誠・益川敏英、ノーベル物理学賞、下村脩、同化学賞受賞。

二〇〇九	二一	54	**8月** 八月納涼歌舞伎『野田版　愛陀姫』脚本・演出（歌舞伎座）。 **9〜10月** 『THE DIVER』作・演出・出演（シアタートラム）。 日英文化交流の業績により、名誉大英勲章OBEを受勲。 **1〜2月** NODA・MAP第14回公演『パイパー』（シアターコクーン）。 **7月** 東京芸術劇場芸術監督就任。 **8〜9月** 東京芸術劇場芸術監督就任記念プログラム『ザ・ダイバー』（日本バージョン）作・演出・出演（東京芸術劇場小ホール1）。 **12月** 一二月大歌舞伎『野田版　鼠小僧』脚本・演出（歌舞伎座）。	民主党政権成立。
二〇一〇	二二	55	二〇〇九年度朝日賞受賞。 **6〜8月** NODA・MAP第15回公演『ザ・キャラクター』（東京芸術劇場中ホール）。 **9月** NODA・MAP番外公演『表に出ろいっ！』（東京芸術劇場小ホール1）。	根岸英一・鈴木章、ノーベル化学賞受賞。
二〇一一	二三	56	第18回読売演劇大賞大賞・最優秀作品賞受賞『ザ・キャラクター』。紫綬褒章受章。	中東諸国に民主化運動「アラブの春」広がる。

			2~3月 NODA・MAP第16回公演『南へ』（東京芸術劇場中ホール）。	3・11 東日本大震災、福島第一原発事故が最悪の「レベル7」規模と発表される。
二〇一二	二四	57	1~3月『THE BEE』（English Version）ワールドツアー（ニューヨーク、ロンドン、香港、東京）。 4~6月 NODA・MAP番外公演『THE BEE』（Japanese Version）ジャパンツアー（東京、大阪、北九州、松本、静岡）。 9~10月 NODA・MAP第17回公演『エッグ』（東京芸術劇場プレイハウス）。	東京スカイツリー開業。 ロシア、WTO加盟。 山中伸弥、ノーベル生理学・医学賞受賞。 自民党政権の復活。
二〇一三	二五	58	4~5月『おのれナポレオン』出演（作・演出：三谷幸喜）（東京芸術劇場プレイハウス）。 5~6月『THE BEE』（English Version）ワールドツアー2013（イスラエル、韓国、ルーマニア）。 10~12月 NODA・MAP第18回公演『MIWA』（東京、大阪、北九州）。	
二〇一四	二六	59	5~6月『THE BEE』（English Version）ワールドツアー2014（パリ、ルクセンブルク、ドイツ・レックリングハウゼン）。 9~10月 東京芸術劇場×明洞芸術劇場国際共同制作	ロシア、クリミア自治共和国の編入を表明。 赤崎勇・天野浩・中村修二がノーベル物理学賞を受賞。

			『半神』作・演出（ソウル・明洞芸術劇場、東京・東京芸術劇場プレイハウス）。	
二〇一五	二七	60	**2～4月** NODA・MAP第19回公演『エッグ』（東京、大阪、北九州）。 **3月** パリ国立シャイヨー劇場正式招待公演『エッグ』作・演出・出演（パリ・国立シャイヨー劇場）。 **5～11月** モーツァルト／歌劇『フィガロの結婚』～庭師は見た！～演出（春季：金沢、大阪、兵庫、高松、川崎、秋季：東京、山形、名取、宮崎、熊本）。	安全保障関連法成立。 仏でパリ同時多発テロ。 梶田隆章、ノーベル物理学賞、大村智、同生理学・医学賞受賞。
二〇一六	二八	61	**1～4月** NODA・MAP第20回公演『逆鱗』（東京芸術劇場プレイハウス、大阪、北九州）。	イギリス、EU離脱決定。 大隅良典、ノーベル生理学・医学賞受賞。
二〇一七	二九	62	**1～3月** NODA・MAP第21回公演『足跡姫 時代錯誤冬幽霊』（東京芸術劇場プレイハウス）。 **11月** 『One Green Bottle』（『表に出ろいっ！』English Version）（東京芸術劇場シアターイースト、ソウル、ロンドン〔翌4～5月〕、ルーマニア〔翌6月〕）。	天皇の退位等に関する皇室典範特例法成立。 カズオ・イシグロ、ノーベル文学賞受賞。
二〇一八	三〇	63	**9～11月** NODA・MAP第22回公演『贋作・桜の森の満開の下』（東京芸術劇場プレイハウス、パリ・国立シャイヨー劇場、大阪、北九州）。	

【参考資料】


『野田秀樹』内田洋一責任編集、白水社、二〇〇九年。

『文藝別冊　野田秀樹――新しい地図を携えて』河出書房新社、二〇一二年。

『定本・野田秀樹と夢の遊眠社』野田秀樹著、長谷部浩監修、河出書房新社、一九九三年。

その他、NODA・MAPホームページ、公演プログラムなどを基に、編集部作成。

ＭＩＮＥＲＶＡ知の白熱講義

山極寿一×鎌田浩毅 ゴリラと学ぶ
——家族の起源と人類の未来
山極寿一・鎌田浩毅 著
四六判三二八頁 本体二二〇〇円

せまりくる「天災」とどう向きあうか
鎌田浩毅監修・著
B5判一六〇頁 本体一八〇〇円

鶴屋南北
——滑稽を好みて、人を笑わすことを業とす
諏訪春雄 著
四六判二四八頁 本体二六〇〇円

河竹黙阿弥
——元のもくあみとならん
今尾哲也 著
四六判三八六頁 本体三〇〇〇円

二代目市川團十郎
——役者の氏神
田口章子 著
四六判二四〇頁 本体二四〇〇円

八代目坂東三津五郎
——空前絶後の人
田口章子 著
四六判三二八頁 本体三〇〇〇円

ミネルヴァ書房
http://www.minervashobo.co.jp/

《著者紹介》

鎌田浩毅（かまた・ひろき）

1955年　東京都生まれ。

1974年　筑波大学附属駒場高校卒業。

1979年　東京大学理学部地学科卒業。

通商産業省主任研究官，米国内務省火山観測所上級研究員などを経て，
現　在　京都大学大学院人間・環境学研究科教授（1997年～）。東京大学理学博士。

専　門　地球科学・火山学・科学コミュニケーション。テレビ・雑誌・新聞で科学を明快に解説する「科学の伝道師」。京大の講義は毎年数百人を集める人気で教養科目1位の評価。日本地質学会論文賞受賞（1996年）。

著　作　『座右の古典』ちくま文庫，2018年。

『日本の地下で何が起きているのか』岩波書店，2017年。

『地学ノススメ』講談社ブルーバックス，2017年。

『地球の歴史　上・中・下』中公新書，2016年。

『世界がわかる理系の名著』文春新書，2009年。

『一生モノの勉強法』東洋経済新報社，2009年。

『富士山噴火』講談社ブルーバックス，2007年。

『火山噴火』岩波新書，2007年，ほか多数。

ホームページ　http://www.gaia.h.kyoto-u.ac.jp/~kamata/

MINERVA 知の白熱講義②
野田秀樹×鎌田浩毅 劇空間を生きる
――未来を予見するのは科学ではなく芸術だ――

2018年11月15日　初版第１刷発行　〈検印省略〉

定価はカバーに
表示しています

著　者　野田秀樹
　　　　鎌田浩毅
発行者　杉田啓三
印刷者　田中雅博

発行所　株式会社　ミネルヴァ書房
607-8494　京都市山科区日ノ岡堤谷町１
電話代表（075）581-5191
振替口座 01020-0-8076

創栄図書印刷・新生製本

ISBN978-4-623-08456-2
Printed in Japan

野田秀樹（のだ・ひでき）

1955年　長崎県生まれ。

1974年　筑波大学附属駒場高校卒業。

1975年　東京大学入学。

現　在　東京芸術劇場芸術監督，多摩美術大学教授。

劇作家・演出家・役者。

東京大学在学中に「劇団夢の遊眠社」を結成し，数々の名作を生み出す。

1992年，劇団解散後，ロンドンに留学。

帰国後の1993年，演劇企画製作会社「NODA・MAP」を設立。

『キル』『パンドラの鐘』『オイル』『THE BEE』『パイパー』『ザ・キャラクター』『南へ』『エッグ』など次々と話題作を発表。

故・中村勘三郎丈と組んで歌舞伎『野田版 研辰の討たれ』『野田版 鼠小僧』『野田版 愛陀姫』の脚本・演出を手掛けるほか，海外の演劇人と積極的に作品を創作するなど，演劇界の旗手として国内外を問わず精力的な活動を展開。

2009年10月，名誉大英勲章 OBE 受勲。2009年度朝日賞受賞。2011年6月，紫綬褒章受章。

著　作　『エッグ／MIWA ――21世紀から20世紀を覗く戯曲集』新潮社，2015年。

『21世紀を信じてみる戯曲集』新潮社，2011年。

『野田版歌舞伎』新潮社，2008年。

『21世紀を憂える戯曲集』新潮社，2007年。

『二十一世紀最初の戯曲集』新潮社，2003年。

『20世紀最後の戯曲集』新潮社，2000年。

『解散後全劇作』新潮社，1998年。

『定本・野田秀樹と夢の遊眠社』河出書房新社，1993年，ほか多数。

人名索引

あ 行

か 行

さ 行

た 行

な　行

は　行

ま　行

や　行

ら　行

わ　行

事項索引

あ 行

か 行

さ　行

た　行

な　行

は　行

ま　行

や　行

ら　行

わ　行

欧　文